교회 공동체와 돈

L'argent dans la communauté de l'Eglise

헤베르 루

HÉBERT ROUX

교회 공동체와 돈 001

지은이	헤베르 루 HÉBERT ROUX
옮긴이	심상우
초판발행	2009년 9월 25일

펴낸이	배용하
책임편집	박민서
등록	제364-2008-000013호
펴낸곳	**도서출판 대장간**
	www.daejanggan.org
	대전광역시 동구 삼성동 대동천좌안8길 49
	전화 (042) 673-7424 전송 (042) 623-1424
박은곳	경일인쇄

ISBN	978-89-7071-165-2

 **값 4,500원**

차 례

역자서문

　　세계는 이제 글로벌 경제 시스템을 지향한다. 이러한 경제 시스템을 지탱하는 핵심이 돈이다. 개별적 주체는 돈에 의해서 지배될 수 밖에 없는 구조가 되었다. 우리는 돈이면 모든 것이 다 해결되는 세상에 살고 있다. 돈의 소유가 그 사람의 능력을 판단하는 근거가 되었으며 더 나아가서 인격을 판단하는 기준으로 까지 되었다.

　　그렇다면 돈에 의해 지배되는 경제 시스템에서 사는 기독교인들은 어떤 삶을 지향해야만 하는가? 또한 예수 그리스도의 정신은 이 시대를 살아가는 사람들에게 어떤 메시지를 제공할 수 있을까? 성서는 물질에 대해서 너무도 명확하게 설명을 하고 있다. 물질에 관계되는 구절이 성서에서 구원이나 천국에 관한 비율보다 2배 이상 많은 이천오백구절이 더 된다. 그렇다면 왜 성서는 이와 같이 물질에 관해서 많이 언급하고 있는가? 그것은 아마도 연약한 인간이 하나님이 아닌 맘몬을 숭배

할 가능성에 대해 하나님께서 너무도 잘 알고 있었기 때문일 것이다.

우리가 참된 신앙인으로 살아가려면 세상을 빈곤으로 몰아가는 신 맘몬에서 생명의 신 하나님으로 '회심'하는 것이 가장 먼저 할 일이며, 은밀히 맘몬을 사랑하고 그에 굴종할 게 아니라 영적으로, 정신적으로 자유를 얻어야 한다. 하나님께서는 우리에게 맘몬신을 섬길 것인지 아니면 하나님을 섬길 것인지 선택을 요구하고 계신다. "한 사람이 두 주인을 섬기지 못할 것이니 혹 이를 미워하며 저를 사랑하거나 혹 이를 중히 여기며 저를 경히 여김이라. 너희가 하나님과 재물을 겸하여 섬기지 못하느니라"마태복음6:24

맘몬이 오늘날 가장 강력히 사용하는 도구가 바로 자본주의 경제 시스템이다. 맘몬이 이끄는 자본주의의 목표는 경제적 총생산의 극대화이다. 이 체제는 분배에는 관심이 없다. 물론 그들의 논리에 의하면 총생산이 극대화되면 분배도 자연히 향상된다고 한다. 하지만 어느 곳에서도 그들의 주장은 검증되고 있지 않다. 오히려 자본주의가 발전된 사회일수록 경제적 양극화 현상은 뚜렷해지고, 절대빈곤층도 늘어나고 있는게 현실이다.

성서는 자본주의에 배치되는 정신을 기독교인들에게 지속적으로 요구하고 있다. 즉 성서는 우리들에게 이웃을 부유하게 만들기 위해 각 개개인이 스스로가 가난해지는 은혜에 동참할 것을 요구하고 있다. 예수는 가난한 사람들을 부요케 하기 위해 자신을 버리셨다. 세상에 대한 예수님의 윤리의 척도는 원천적으로 모든 인간이 먹고 살 수 있는 사회였다. 그런데 그 부가 소수자에게 편중되었고 이로 인하여 가난한자들은 더욱 가난하게 될 수 밖에 없는 사회를 예수는 비판하고 있다. 그러한 이유로 예수는 맘몬과 하나님을 동시에 섬길 수 없다고 분명히 선을 긋는다. 하지만 교회는 끊임없이 맘몬과 하나님을 동시에 섬기라는 유혹을 받게 된다. 우리는 그 유혹에서 벗어나야 한다. 그러기 위해서 교회 공동체의 돈문제를 새롭게 이해해야 할 것이다.

자끄 엘륄Jacques Ellul은 본서를 교회의 재정문제에 관한 훌륭한 지침서라고 말하고 있다. 이 책의 저자 헤베르 루는 교회 공동체에서 재물을 사용하는 방법과 그것을 관리하는 행정적, 재정적 규정들에 대해서 명확하게 설명하고 있다. 그러므로 이 책은 공동체의 재정문제에 관한 실질적인 해결책을 찾을 수 있는 역할을 할 수 있을 것으로 여겨진다.

역자 심 상 우

서 론

우리는 이 연구에서 돈과 재물과 관련된 문제들을 체계적이고 완벽하게 논의할 수는 없다. 다만, 이 연구의 목적은 교회의 가르침과 설교를 명확하게 하는 데 있으며, 기독교 윤리에서 바라본 돈과 재물의 문제들이 본래의 자리를 찾게 하는 데 있다. 이 논의가 포함하는 몇몇 사유들은 오늘날 이 분야의 개혁주의 사상이 보지 못하는 것을 밝히는 데 있고, 더 나아가서 신학자들이 더 주목할 만한 저서를 착상할 수 있도록 그들의 학문적 연구를 자극할 수 있을 것이다.

그런데 교회 안에서 돈과 재물 본래의 의미를 찾기 위한 이 논의는 추상적이며 이론적인 방식으로 전개되지 않을 것이며, 나아가서 논의의 목적은 성서를 근거로 한 경제적 윤리 시스템을 만드는 데 있지 않다. 돈과 관련된 성서의 가르침은 묵시록에 한정되어 나타나는 것은 아니다. 그것은 창조, 종말 그리고 예수 그리스도의 행적에서 발견될 수 있는 대속의 거대한 극적인 전개 가운데 그리고 천국의 관점 속에 나타난다. 게다가 돈과 관련된 성서의 가르침은 하나님의 말씀을 전하고 가르치려고 하나님 말씀을 듣는 교회 공동체에 주어진 것이다. 또한, 마찬가지로 이것은 하나님 말씀으로 삶을 영위해야만 하는 교회 공동체에 전해진 것이다. 그런데 예수 그리스도의 절대 주권을 따르지 않는 세상에서 교회 공동체의 삶은 예수 그리스도를 주로 고백하는 지역적, 소교구적, 국가적 공동체와 같은 구체적이며 눈에 보이는 실재 안에서 나타날 뿐이다. 그러나 이런 신앙 고백은 세상의 물질적, 경제적 삶이 제기하는 특별한 문제에 직면한 사람들에게 그리스도의 말씀을 가르치고 전해야만 하는 교회의 의무를 함축하고 있다. 또한, 이것은 사람들이 예수 그리스도 안에 속해 있음의 의미를 숙고하면서 물질적, 경제적 삶을 살아야 한다는 필연성을 내포하고 있다.

기독교 공동체 내에서 참된 교회는 돈과 관련된 문제들이 검토되고 해결되는 과정에서 그 방식에 중요성을 두어야만 한다. 이 세상에 사는 한 교회는 물질적, 경제적 실재를 지닐 수밖에 없다. 또한 교회가 계속해서 '그리스도의 몸'인 참된 교회이기 위해서는 행정적, 재정적 조직을 가져야만 한다.

각각의 교회가 설교, 예배, 성스러운 예식을 통해서 하나님의 말씀을 듣고, 전하는 기본적인 자격을 갖춘 것처럼 각각의 교회는 그 메시지 자체와 양립할 수 있는 '교회의 생활양식'을 찾아야만 한다. 즉 교회는 형태, 구조 그리고 재정적 조직에 관해 자신이 전한 메시지와 일치할 수 있어야만 한다.

우리는 종교개혁 또는 다양한 역사적, 정치적 이유로 초래된 교회 안의 행정적, 재정적 구조의 다양성에 대해 어쩌면 반대하게 될 것이다. 또한, 마찬가지로 교회의 충실성이 교회가 재물을 관리하는 방식에 의해서 판단될 수 있는 것은 아니다. 만약 그렇게 된다면 이것은 우리를 엄격한 율법주의에 빠지게 할 것이다. 그러나 이런 것들은 우리의 논의 대상이 아니다! 단지 우리는 돈에 대한 교회의 설교와 가르침이 그것을 사용하는 교회의 방법과 분리될 수 없다고 말할 수 있을 뿐이다. 모든 다른 영역들 안에서처럼, 교회 안에서도 스스로 전하는 것과 행하는 것이 서로 밀접하게 연관돼 있어야 한다.

오늘날 기독교 공동체가 세상 속에 사는 교회 구성원들에게 돈의 사용과 관련된 성서에 따른 가르침에 관해 다소 교리상으로 주의를 주는 것으로는 충분하지 않다. 또한, 기독교 공동체가 '재정적 문제는 영적 문제다.'라고 과장해서 표현하거나 혹은 다소 교육적인 목적으로 선언하는 것으로도 역시 충분하지 않다. 로마 교회가 돈과 관련해서 우를 범했던 것처럼, 교회가 구원의 교리를 받아들이지 않고 무시하는 세상을 위한 경제적 혹은 사회적 교리를 세우거나, 인간의 삶에 대한 재물의 영향력을 악마적 특징으로 판단하는 것은 훨씬 더 부적절하다. 오히려 재물은 교회를 유지하는 데 필요한 것처럼 보인다. 그리고 교회는 얼마나 돈에 의해서 위태롭게 될 수 있는지 알아야만 한다. 돈이라는 것은 세상에서뿐만 아니라 교회 안에서도 존재하지 않는가! 그러므로 교회는 객관적인 방식으로 혹은 돈으로부터 분리되어 돈에 대해 말할 수 없다. 기독교 공동체의 역사적 전통, 성직자 제도, 행정적 구조가 무엇이든 간에 그리고 이 공동체가 국가에 통합되어 있든 그렇지 않든 간에 다시 말해서 이른바 '독립된', '대중적인' 혹은 '전문적인' 기독교 공동체는 돈의 사용에 관해 각각의 정치체제가 인정하는 것을 받아들여야만 한다. 만약 독재주의 국가에 속해 있는 교회가 독재주의에 따라서 자신의 신앙을 다시 고백하도록 강요된다

면, 오늘날 특히 경제적, 재정적 위기로 다양한 파급 효과에 시
달리는 유럽에서 교회는 예수가 '불의의 재물' 누가복음16:9~11이
라고 지칭하고 세상은 불공정한 속박에 속해 있다고 한 것과는
다르게 '신앙 고백하는' 태도를 보여야만 한다.

공동체는 돈 문제와 관련된 이론적이며 동시에 실제적인
해결책을 외부가 아닌 공동체 자체의 내부에서 찾아야만 한다.
오직 이와 같은 상황에서만 공동체는 돈과 관련된 구성원들의
문제를 해결하도록 실질적으로 도울 수 있고 또한 권위를 가지
고서 '구속의 집' 으로부터 해방이라는 은혜를 예감할 수 있다.
그러므로 우리는 물질적으로 조직된 공동체로서의 교회
가 소유하고 사용하는 재물 때문에 제기될 수 있는 구체적 문
제를 여기에서 다루고자 한다. 우리는 외부적, 정치적 혹은 경
제적 난관들보다 자기 자신의 물질적 존재에 더 많이 맞서도록

강요된 프랑스 개혁교회의 특유한 염려를 곳곳에서 발견하게 될 것이다. 우리는, 이 연구가 교회를 효과적으로 돕기 위한 이론적 연구와 숙고는 교회 안의 특별한 환경에서 유래한 추상적 개념을 따르게 한다는 것과 같은 본질적인 것을 명확하게 하는데 이바지하기를 바란다. 만약 이 연구가 기독교 공동체 안에서 돈 문제의 이론적 토대를 찾는 것과 관계한다면, 기독교 공동체의 풍토가 물질적 안정이 아닌 불안정하고 가난인 것은 아마도 틀림없이 공동체에 유익일 것이다,

교회 안에서의 돈에 대한 일반적 숙고들

성서에 따른 계시가 교회에 제공한 것과 같은 표현을 통해서 문제를 제기하지 않는다면 결코 교회는 물질적 존재의 문제를 실제로 해결할 수 없을 것이다

1장

교회 안에서의 돈에 대한 일반적 숙고들

교회 안에서 돈의 바람직한 사용을 다양한 측면에서 연구하기 전에, 무엇보다 먼저 교회 안에서 돈의 존재 자체가 의미하는 것이 무엇인지를 묻는 것이 반드시 필요하다.

형식적인 측면에서 볼 때, 기독교 공동체가 돈을 사용하고 세속적인 재물을 소유하는 것은 '인간 조건'의 필수불가결한 결과라고 우리는 말할 수 있다. 그러므로 시간과 공간 안에서 그리고 인간 사회 안에서 사는 교회는 돈 또는 합의에 따른 가치의 또 다른 표시와 같은 일반적이고 필수적인 교환 수단이 있어야 한다. 요컨대 교회는 사회 안에서 살과 피를 지닌 인간들로 구성돼 있기 때문에 최소한의 물질적 존재를 확보해야만 한다. 그 결과 필연적으로 교회는 일상생활에서 돈에 어떤 자리를 주는 것과 같은 우연성을 따르게 된다. 한편에서 교회의 모든 기관이 적자라는 불안이 아니면, 이익이라는 유혹에 의해서 사로잡히거나 마비되면서 돈이 교회라는 기업의 주인, 숨겨진 혹은 고백하기 어려운 주님, 비밀의 동기 혹은 은밀한 원동력이 될 수 있다. 또 다른 한편에서 우리가 교회 재산 관리를 '가치 없는 재정적 문제'로 치부해 버림으로써 교회의 재산 관리는 '괴로운 필연성'의 표시가 그리고 돈의 사용은 약간의 수치스러운 나약함의 표시가 될 것이다.

만약 교회 안에서 돈과 관련해서 이와 같은 입장을 취한다면, 교회에서 돈의 사용은 부식제腐蝕劑와 같은 질문으로 귀착될 수밖에 없다. 그리고 이 질문은 위선적 교묘함 외에는 어떤 다른 답을 포함할 수 없다. 즉 해방 없는 타협이다.

많은 기독교인과 공동체들의 생각 방식과 행동 양식이 너무나 슬프게도 자주 이런 현실에 일치한다는 것을 누가 부정할 수 있겠는가? 개신교의 소교구에서 돈과 관련된 질문이 어떤 때는 파렴치한 현실주의로서, 또 어떤 때는 무의식적 가벼움으로써, 그리고 또 어떤 때는 경멸하는 순결주의, 즉 경건한 이상주의와 같은 아주 다양하고 모순적인 방법으로 취급되고 있다는 사실에 누가 놀라지 않을 수 있겠는가? 실제로 예수 그리스도에게 있어서 돈의 존재가 의미하는 것과, 기독교 공동체 안에서 돈의 사용에 대해 창조와 대속의 질서 사이에서 상정되고 있는 관계를 발견하면서, 성서에 따른 계시가 교회에 제공한 것과 같은 표현을 통해서 문제를 제기하지 않는다면 결코 교회는 물질적 존재의 문제를 실제로 해결할 수 없을 것이다.

무엇이 이러한 기독교 공동체 안에서 돈의 사용에 관한 관계를 구성하고 있고 어떻게 이 관계가 교회 안에서 돈의 문제를 우리에게 이해시켜 주는지 간략하게 살펴보기로 하자.

1. 첫째로, 우리가 교회를 공동체로서 정의할 때, 우리는 이론적이거나 철학적인 추상적 개념을 경계해야 한다. 신약 성서는 '기독교 사회학' 개론을 포함하고 있지 않다. 오히려 신약성서는 세속사 속에서 규정된 시간 안에서 그리고 지상의 특정한 장소에서 나타난 어떤 남·녀 집단과 '회중'이라는 구체적 사건을 주로 기술하고 있다. 이때 '회중'이라는 말은 우리가 아는 것처럼 모든 구성원이 교회를 이루는 사건에 공동으로 참여함으로써 생긴 교제를 가리키는 동시에 또한 함께 있고 같은 존재와 같은 운명을 공유한다는 물질적 행위를 가리키는 코이노니아 $\kappa o\iota\nu\omega\nu\iota\alpha$ 라는 말이 드러내는 본질적인 특성 중의 하나를 의미한다.

교제는 모든 교회가 지닌 공통의 신앙 안에서 유대 관계를 강하게 하고 자신의 토대를 발견한다. 모든 신학적 체계, 모든 교리적 규칙의 서술, 혹은 모든 윤리적 삶의 원리 이전에, 우리는 교회 존재의 기원이 하나님이 주님이시고 십자가에 못 박힌 예수 그리스도라는 확신에 근거한 것임을 발견하게 된다. 교회란 '사도들의 말'에 의해 나사렛 예수를 받아들이면서 같은 마음을 품고 십자가에 못 박히고 승리한 예수 그리스도가 하늘과 땅의 주인임을 입술로 고백하는 사람들로 구성된 집단을 말한다. 이 신앙은 예수 그리스도의 도래, 죽음 그리고 부활의 역사적 사건에 기반을 두고 있다. 그리고 이 역사적 사건 안에서 교회는 모든 속죄 행위와 하나님과 세상의 화해를 인지하게 된다. 동시에 교회는 미래, 세상의 종말, '완성'을 향해 있다. 또한, 창조자와의 완전한 화해가 약속한 피조물에 대한 예수 그리스도의 영광스러운 주권은 '모든 것이 그리스도로 집결'되게 한다. 교회의 역사와 삶은 이런 기다림과 희망 안에서 예수 그리스도의 재림을 고대하고, 예수 그리스도가 새로운 창조의 왕으로서 영광스럽게 도래할 것이라는 시간 안에 자리 잡고 있다. 교회는 주님과의 교제 안에서 믿고, 사랑하고, 희망을 지니도록 부름 받았다. 그리고 교회는 자비로우시며 이미 승리하신 하나님의 승리에 대한 증언이다. 또한, 교회는 성령에 의해서 하나님이 옛것에게 새것을 주신 증거이기도 하다. 야고보서의 표현에 따르면 교회는 새로운 창조의 '시작'을 이룬다.

그러므로 교회 구성원들 간의 교제와 공동체를 만들어 낸 신앙은 단지 개개인의 구원만을 위해 존재하지 않는다. 오히려 교회의 신앙은 예수 그리스도 안에서 '모든 것이 그에 의해서 그리고 그를 위해서 존재한다는' 것을 인지하는 것이다. 또한, 신앙은 예수 그리스도가 그의 안에서 모든 창조와 이 창조가 포함하는 모든 피조물의 기원임과 동시에 의미이고 그 존재 이유며 목적임을 발견해야만 한다. 그러나 많은 본문이 묘사하는 것처럼 (예를 들어서 골로새서 1장 또는 로마서 8장 18~23절) 예수 그리스도의 대속에 대한 우주적 이해는 일종의 세계의 신비에 대한 형이상학적 설명으로서 혹은 간단한 지적 동의를 요구하는 사변적 체계로서 이해될 수 있는 것이 아니다. 사도들의 정신에 근거해 볼 때 그리스도는 추상적 원리로 있는 것이 아니라, 하늘과 땅에 인격적으로 살아 계신 주님으로서 계신다. 그리고 이런 그의 주권은 교회 안에서 그리고 교회에 의해서 고백 돼야 한다. 왜냐하면, 예수 그리스도가 실제로 교회의 살아 계신 주님이시고 교회는 그를 통해서 살아 있는 공동체의 생활방식과 가치의 확대를 받아들이면서 창조 안에서 사물들

및 사람들과 새로운 관계를 맺기 때문이다. 교회에서 사물들과 사람들의 존재는 그리스도의 속죄행위와 및 재림과 분리될 수 없는 새로운 의미를 받는다. 창조물들은 교회의 활동을 구성하는 것이 세상에서 무엇인지 정확하게 밝혀야 한다는 의미에서 교회와의 교제에 참여하게 된다. 이런 참여는 오직 예수 그리스도에 의해서, 그리고 그의 통치의 측면 안에서만 존재할 수 있기 때문에 자연주의적 범신론에서 유래한 것이라고 볼 수 없다. 또한, 이와 같은 참여는 비종교와 종교, 순수한 것과 부정적인 것으로 구별되는 이교도와 유태교의 구분을 멈추게 한다. 사도 바울이 디모데전서 4장 4절에서 '감사함으로 받는다면 하나님이 창조한 모든 것은 선하다.'고 선포한 것은 세계의 본성에 대한 낙천적인 이해에 근거해서도 낭만적인 이해에 근거해서도 아니다. 이것은 하나님께서 예수 그리스도를 통해서 창조된 세상에 존재하는 것들과 '진리를 알고 감사함으로 그것을 사용하는 신자들' 사이에 세운 새로운 관계 때문이다. 디모데전서4:3 세상과 하나님 사이의 화해는 필수적이다. 또한, 마찬가지로 이런 화해에 대한 앎 역시 필요하다. 그러므로 하나님께서 창조한 모든 것을 사용하려면 예수 그리스도 신앙 안에서 살아야만 한다. 그러나 이런 화해와 앎은 현실적으로 실재하는 것이기 때문에 사도는 '하나님께서 창조한 것은' '하나님의 말씀과 기도로 거룩히 여겨짐을 받는다' 라고 주장할 수 있다.

　　2. 우리는 창조의 세계에서 성서가 교회공동체에 대해 말하는 것을 식별해야 한다. 그리고 더 나아가서 이것이 교회 공동체 안에서 돈의 존재와 사용을 어떻게 우리에게 이해시킬 수 있는지 발견해야 한다. 그러나 화폐와 교환의 수단이라는 의미가 있는 돈은 창조의 세계에 속해 있고 인류가 사용해야만 하는 사물, 자원 그리고 물질적 재산의 가치를 측정하고 평가하기 위해 인간이 만들어낸 대표적인 협정 기호 이외의 다른 것이 아니다. 그러므로 우리는 우리가 '하나님이 창조한 것들' 이라는 주제로 방금 말한 것을 이 기호에 불과한 것에 적용하는 것이 적합한 것인지 또한 돈을 교회 안에서 하나님의 말씀과 기도로 거룩히 여김을 받을 수 있는 것 중의 하나로 간주할 수 있는 것인지 자문해봐야 한다.

　　다시 말해서 돈의 성화에 관해서 명확하게 말하려면 우리는 먼저 성경이 어떤 방식으로 그것에 대해서 말했는지 알아야만 하고 그리고 교회와 관계해서 우리가 조금 전에 했던 것처럼 이 점에 관해 창조와 대속의 질서 사이에 존재하는 관계를 분명하게 해야 한다.

성경은 하나님의 창조 안에 널리 흩어져 있는 자원과 재물이 선한 것으로서 존재한다는 것을 가르치고자 자주 금과 돈에 대해 말한다. 그렇게 해서 창조 이야기는 우리에게 에덴동산에 관하여 '하윌라 온 땅에 둘러 있는 금과 이 땅의 금은 좋은 것'이라고 말하고 있다.창세기2:11~12 '은도 내 것이요 금도 내 것이라 만군의 여호와의 말 이니라' 학개2:8 예를 들어서 물질적 영적 재물의 분배자로서 그의 백성을 위하여 이집트인들을 약탈하고 무상으로 솔로몬에게 부를 주는 하나님을 우리는 보게 된다. 이런 본문에서처럼 부는 늘 하나님 은혜의 표시이자 영광의 매개물로서 나타나고 있다.

물질적 재물이 인간의 손에 들어온 순간부터 재물은 아담으로 말미암아 저주받은 모든 창조, 땅 자체와 다를 바가 없었다. 인간이 하나님께 영광 돌리는 것을 멈추면서 '피조물을 조물주보다 더 경배하고 섬기는' 한 재물은 저주의 매개물이 된다.로마서1:25 세상의 재물과 부는 그것이 주는 유혹과 힘으로 인간의 마음에서 하나님의 자리를 차지하고 우상과 악마적, 지배적 권력자가 된다. 또한, 그것은 질투와 탐욕을 자극하고 절도, 불법거래 그리고 타락으로 말미암아 모든 인간관계의 파멸을 가져온다. 디모데전서 6장 10절에 따르면 '돈을 사랑하는 것은 모든 악의 뿌리'이다. 왜냐하면 돈은 오직 하나님에 대한 사랑을 자기 자신에게 돌릴 수 있기 때문이다. 그리고 전도서와 산상수훈의 지혜가 '행복하여라 가난한 이들이여! 불행하여라 부유한 이들이여!' 라고 주장하는 것과 일치한다.

만약 신에 의해서 창조된 모든 것 중에서 물질적 자원이 인간들의 수중에서 신이 될 수 있는 강력한 힘을 지닌다면, 그리고 결국에 가서 인간이 자신이 소유한 재물에 종속되어 진다면, 불행은 돈이 더 다루기 쉬운 부가 되면 될수록 더 위험한 것으로서 돈과 밀착하게 되고 마침내 돈은 그것이 나타내는 현실적 가치의 자리를 빠르게 잡게 된다는 것을 우리는 이해할 수 있다. 부를 지칭했던 타락과 실추라는 말은 자기 자신 안에 힘을 소유하면서 그리고 자신이 사랑과 근심과 숭배의 대상 자체가 되면서 구체적인 것으로부터 추상적인 것으로 변한 것을 의미한다. 그러므로 성경은 신성시되고 인간의 삶을 노예로 만드는 힘을 지닌 돈을 맘몬1) 그리고 부의 악마로 명명한다. 돈

---

1) [역주] 시리아의 황금신이다. 성경에서 맘몬mammon은 부정한 재물 또는 그와 동등한 것으로 번역한다. 중세 동안에 맘몬은 일반적으로 탐욕과 부유함, 부정직함을 관장하며 두 개의 새 머리, 검은 몸, 발톱을 가진 손발이 있는 모습을 한 악마로서 그려졌다. 천사들의 아홉 계층 가운데 가장 낮은 계급의 천사 출신이라고 한다. 그 이전에는 별로 주

과 주님은 양립될 수 없다. 즉 맘몬이 경배 되고 숭배되는 곳에서 참 유일신인 주를 섬기고 경배하기 위한 자리는 있을 수 없다. 그러나 동시에 그 반대도 사실이다. 왜 주의 유일한 개입에 의해서만이 맘몬의 힘을 멈추게 할 수 있는가. 하나님이 유일한 참 하나님으로서 존재할 때, 황금 송아지는 파괴된다.

그러나 살아계신 참 하나님의 개입과 현현은 성서 계시 안에서가 아니라면, 하나님의 은총과 용서의 베풀어줌 안에서가 아니라면, 그리고 하나님이 몸소 자신의 아들인 예수 그리스도를 이 땅에 보내신 것과 같은 측량할 수 없는 선물 안에서가 아니라면 과연 무엇으로 이루어져 있을 수 있겠는가?

목받지 못했는데, 옛날에는 부의 집중화가 별로 이루어지지 않았기 때문이다. 그러나 중세에 이르러 금전욕이 현실적인 문제로 떠올랐다. 악마학자로 알려진 스콧은 맘몬이 에녹서와 관계있는 악마로 '사방의 데몬' 가운데 하나이며, 남쪽을 지배한다고 말했다. 존 밀턴의 실낙원 제1권 679행에는 "하늘에서 떨어진 천사 가운데 이처럼 치사한 근성을 가진 자는 없었다."라고 씌어 있는데, 천사로서 하느님을 섬기고 있던 무렵부터 그의 관심사는 금은보석이었다고 한다. 그래서 그는 뭔가 땅에 떨어져 있지 않은지 언제나 고개를 숙이고 걸어 다녔다고 한다. 그리고 숨겨진 황금이나 재산을 찾아내는 힘이 있으며, 최초로 사람들에게 땅을 파서 광산 자원을 채굴하는 방법을 가르쳤다. 지옥에 있는 악마들의 호화롭고 웅장한 궁전인 만마전萬魔殿:판데모디움을 건설한 것도 맘몬이다. 또한, 그는 매우 실리적이어서 하늘에서 떨어졌다는 낙담으로부터 가장 먼저 회복된 것으로 묘사된다.

진짜 보물과 그 보물의 값없이 주심이 드러났을 때, 다시 말해서 예수 그리스도 안에서 천국이 가까이 왔을 때, '하나님과 맘몬을 섬기는' 것은 실제로 불가능하다. 결국, 우상과 그것의 힘은 무너지게 된다. 예수 그리스도의 통치권이 '부유하신 자로서 너희를 위하여 가난해지심은 그의 가난함을 인하여 너희로 부요케 하려 하심이라.' 처럼 고백 되는 상황에서만 돈의 절대 권력으로부터 해방될 수 있다. 고린도후서8:9

그렇다면, 인류는 어디에서 예수 그리스도의 값없이 주신 구원을 발견하고 그의 통치권을 고백할 수 있겠는가? 교회 안에서?

만약 교회가 돈의 절대 권력이 멈추고 맘몬의 힘이 빼앗긴 곳이라고 한다면, 살아 있고 예언하고 되살아난 주님의 새로운 창조의 시작인 공동체는 자신의 신앙에서 이미 승리한 왕이다. 그러나 이것이 이론적 원리처럼 진술되는 것으로는 충분하지 않다. 만약 교회가 진짜 참된 부를 알리고자 한다면 또한 사람들이 천국의 보물을 찾도록 돕고자 한다면, 교회는 세상에서 힘을 지닌 돈으로부터의 진정한 절제의 구체적 특징을 나타낼 수 있어야만 한다. 왜냐하면, 맘몬이란 바울이 예수가 '정사와 권세를 벗어 버려 밝히 드러내시고 십자가로 승리하셨느니라고 말하면서 지칭했던 그 '정사와 권세'에 속해 있기 때문이다.골로새서2:15 십자가에 못 박힌 그리스도를 설교하고 구성원들을 예수 그리스도의 한없는 은총과 용서에 참여시키면서 그리스도의 살과 피에 영성체하는 교회가 계속해서 악마의 지배 아래에 있고 우상을 섬기고 있으니! 복음서와 사도 서한에서 자신을 그리스도의 제자이고 공동체의 구성원이라고 자칭하면서 여전히 부의 노예로 있는 부유한 사람들을 향한 경고와 모욕은 돈의 문제가 교회 안에서 간단한 윤리, 사회 경제의 물음이 아니라 교회 본성 자체와 그리고 그리스도 연구의 토대에 직접적으로 속해 있다는 것을 잘 보여준다.

그러므로 신약성서에서 음식과 성생활의 성화에 대해서 말한 방식과 같은 방식으로 교회 안에서 돈의 성화를 말하는 것은 어려울 것 같다. 하나님에 의해서 창조된 것들은 '진리를 알고' 있는 신자들의 사용에 의해서 성스러워질 수 있다. 그러나 돈은 이 용어가 성경 안에서 지닌 일반적인 의미에서 볼 때 사용에 의해서 성스러워지지 않는다. 우선 그것은 우상 다시 말해서 저주의 표상으로 있는 것을 멈추어야만 한다. 그리고 그것은 자신의 힘을 다 버리고 하나님께 속해있던 이 세상의 온갖 보화를 참 기원에게 되돌려 주어야만 한다. 이러한 조건에서만 우리는 교회 안에서 돈을 사용할 수 있고 그리고 더 나아가서 돈이 교회를 세우고 하나님께 영광을 돌릴 수 있는 것으로 다시 태어날 수 있게 된다.

이와 같은 것이 우리가 지금 교회 안에서 돈의 사용을 주제로 연구하고자 하는 일반적인 관점들이다.

우리는 다음과 같은 네 가지 문제를 다루어보고자 한다.

1. 교회 재산의 관리
2. 헌금
3. 재산 공동체와 형제에 대한 도움
4. 직무에 대한 보수

우리는 주제의 이런 구분에도 질문들이 서로 밀접하게 연관된 것이 나타나길 희망한다. 기독교 공동체 내부의 필수적인 많은 분야에서 돈의 문제가 어떻게 제기되고 있고 그 문제가 어디에 자리 잡고 있는지 더 잘 나타내고자 우리는 각각의 문제를 따로따로 살펴보고자 한다.

교회 재산의 관리

교회를 세속적 안전에 정착한 기관으로 만드는 모든 것은 주님의 은혜로 삶을 영위하는 공동체의 참된 본성을 잃게 한다. 교회는 자신이 소유하는 것을 본래 교회의 본질과 상관없는 것으로 고려하기 시작하는 한 위험을 겪게 된다.

2장

교회 재산의 관리

1. 소유자로서 교회

우리가 교회 재산에 대해 말할 때, 일반적으로 그것은 법적 관점에서 우리에게 다가온다. 사실 원시 기독교 문학은 교회 특유의 소유 권리와 관계된 어떤 것도 우리에게 제시하지 않는다. 긴 역사 안에서 공동체는 시공간 내 법적 제도의 틀 안에서 거절되기도 하고 승인되기도 했던 세속의 권력 즉 재산을 소유할 수 있는 법적 권리에 이의를 제기하기도 하고 인정하기도 하였다. 그러나 교회는 이의를 제기하고 인정하기 이전에 먼저 소유의 권리가 이론적으로 세워질 수 있는 것인지 예수 그리스도 교회의 참된 본성과 양립할 수 있는 것인지에 대한 자문을 해야만 했다. 하지만, 교회는 이런 자문 없이 소유의 권리를 받아들이거나 아니면 아주 자주 그 권리를 행사하는데 만족하고 가끔은 그것을 남용한다는 것을 우리는 쉽게 알 수 있다. 교회의 반대자들은 교회의 소유가 '돈의 힘'이였음을 비난했다. 그리고 이 비난은 역사 안에서 아주 자주 정당화되었다. 교회가 상당한 기간 개인적 가난과 이 세상 재산의 전적인 포기를 이상으로 지지하고 전파하면서 동시에 왜 기관과 단체로서 부동산의 소유자, 이익의 분배자 그리고 파렴치한 특권의 수익자로 되었는지를 설명해주는 근원적이고 모순적인 근거를 찾는 것은 중요한 일이리라.

우리는 이 문제를 다양한 각도에서 검토하는 대신에 교회 재산의 본질과 합법성 그리고 관리와 관계되는 성서에 따른 증거들로 연구를 제한하고자 한다.

그런데 역사적 지평에서 신약성서는 우리에게 이 주제에 대한 증언 들을 거의 주고 있지 않다. 고작 해야 우리는 사도행전과 사도 서한의 몇몇 드문 증언들로부터 원시 공동체가 모임을 유지하고, 직무에 자신의 시간 대부분을 할애하는 선교사와 설교자의 보수를 위해서, 그리고 건물 임대사도행전19:9와 온당한 급여디모데전서5:17~18에 필요한 자금을 소유해야만 했다는 것을 추론할 수 있을 뿐이다. 게다가 모임은 그 구성원 중 한 사람의 집을 아주 자주 손님을 맞이하는 장소로써 이용했다. 사도행전18:7 모리스 고겔M. Goguel이 '이웃에 대한 사랑과 공경은 하나님에 대한 사랑과 공경과 구별되는 것이 아니다.' [2] 라고 지적하는 것처럼, 초대교회에선 본래 예배를 위한 지출과 구호를 위한 지출 사이의 구별은 없었다.

그러나 우리에게 더 중요한 것은 신약 성서 안에서 그리고 예수 그리스도가 주님이신 교회의 본질 자체와 관계해서 교회가 물질적 재산을 소유하는 것이 어떤 의미인지를 찾는 것이다.

만약 교회가 실제로 부활하신 주님의 생명으로 삶을 영위하는 공동체라고 한다면 이때 삶은 예수의 지상에서의 인간적 삶과 분리될 수 있는 것이 아니다. 사실상 교회 안에서 말씀과 성령에 의해서 살아 계시고 현존하는 주님은 나사렛 예수와는 다른 어떤 것이 아니다. 주님이 교회에 전하는 모든 것은 사실 그 자신이 지상의 인간 존재로서 전적으로 경험한 것들이다. 기독교 공동체의 인간적 삶은 어떻게 보면 예수의 인간적 존재 안에서 그려질 수 있다.

---

2) Maurice Goguel, "L'organisation meterielle des première communautés chrétiennes", in: Etudes publiée dans le *Bullein de l' Association pour la Faculté de Théologie*, Paris, 1944.

복음서의 증언을 따르면 나사렛 예수는 유난히 가난하고 헐벗은 모습으로 나타난다. 여인숙의 외양간에서 태어난 그는 '머리를 둘 곳'이 없었고, 자신에게 주어진 것만을 소유하고 있었다. 그리고 사람들은 모든 것을 버리고 소유자가 아닌 '이 땅 위에서 이방인과 여행객'이 될 때 비로소 그의 제자가 될 수 있었다. 12명의 제자로 구성된 공동체가 돈주머니를 소유한 것은요한복음13:29 소유가 교회에 있어서 일종의 위험과 배신의 끊임없는 유혹을 만든다는 것을 말하려고 정확하게 유다에게 맡긴 것을 의미한다. 부의 포기에 대한 예수의 가르침,누가복음12; 마가복음10:17~31 예수가 그의 제자들을 선교지로 파견할 때 그들에게 주신 명령마태복음10:9~10; 누가복음10:4~8 그리고 산상 수훈에서 나타나는 수많은 구절은 어떤 경우에 예수가 자기 자신과 그들을 위해서 지상 재물의 소유를 사용했는지를 명확하게 드러내고 있다.

그렇지만, 예수는 가난 그 자체 안에서 부유하신 자였다! 그는 모자라는 것 없이 필요한 모든 것을 받았을 뿐만 아니라 자기 자신을 모든 것을 소유한 주인임을 여러 번 되풀이해서 드러내고 있다. 그는 그에게 주어진 모든 것을 자유롭게 사용했을 뿐만 아니라 그를 따르려고 모든 것을 버린 사람들에게

'현세에서 땅과 집을' 받게 될 것을 약속한다.마가복음10:30 교회의 소유가 어떤 본성인지를 이해하기 위한 귀중한 증거가 여기에 있다. '예수 그리스도와 복음서 때문에' 사실 기독교 공동체는 모든 것을 잃고 그 결과 재산의 소유가 가져올 수 있는 구속으로부터 자유로워질 수 있었다. 그러므로 소유는 인간의 권리가 아니라 하나님의 선물이다. 다시 말해서 소유는 자유, 즉 은혜의 자유 안에서만 가능한 것이다. 교회가 소유하는 것은 주님에 의해서 주어진 것이고 그것은 기다려야만 하는 것이고 그로부터 받을 수 있다. 또한, 교회는 그것을 감사한 마음으로 사용할 수 있어야만 하고 예수의 이름으로 그것을 잃을 수 있다는 것도 각오해야만 한다. 교회의 구성원인 '가난한 자' 와 '보잘 것 없는 자' 에게 하나님의 나라를 주신다는 선을 발견한 사람만이 교회에는 어떤 모자란 것도 없다는 사실을 수용할 수 있다. 그러므로 교회의 소유는 권리로서가 아니라 은혜로서 있을 때 적법한 것이 된다. 기독교 공동체가 재산을 소유하고 획득하는 권리에 대해 세상의 힘 혹은 세속의 권력이 이의를 제기했을 때, 교회는 사실 '아무것도 없으나 모든 것을 가진' 주님의 은혜로 삶을 영위하고 있다는 것은 자명한 사실이다.고린도후서6:10

　　소유는 권리에 의해서가 아니라 예수 그리스도의 은혜에 의해서 자신의 적법성을 발견한다는 근본적인 개념으로부터 우리는 기독교 공동체의 재산을 관리하는 방식에 관한 많은 실질적인 결과들을 이끌어 낼 수 있을 것이다.

2. 재산 관리

　　1. 교회가 세속의 재산을 소유하게 되었을 때(우리는 이 자원의 근원을 다음 장에서 구체적으로 살펴보게 될 것이다.) 교회는 '세상의 관점에서 본' 주인처럼 재산을 다스리지 못한다. 교회가 경영에 있어서 '빛의 자식들'에게서 보다 '세속의 자식들'에게서 더 자주 나타나는 현명함과 지혜로 재산을 관리할 수 없는 것은 아닐진대! 그러나 재산이 그것을 소유하는 사람들에게 어떤 힘도 권위도 안위도 보장하지 못하는 것처럼 재산을 소유한 교회에도 이와 같은 것을 전혀 보장할 수 없다. 각 공동체는 부자의 우화누가복음12장의 의미를 알아야만 한다.

　　2. 교회는 자신의 생계를 위해서 재산을 쌓아 놓거나 그것

으로부터 수익을 얻는 것이 아니라 이것을 더욱더 주님의 뜻에 맞게 사용해야만 한다.

3. 그러므로 교회의 소유는 교회를 복음의 예언자로서 진실로 있을 수 있게 해야 한다. 예를 들어 교회 대부분은 자신의 복음을 전파하기 위해서 건물을 짓는 데 필요한 자본을 남겨둘 뿐 복음을 전파하는데 무용하고 비생산적인 것 즉 세상 안에서 교회와 직접적 관련이 없는 것을 위해서 자본을 비축해 두지 않는다. 한 마디로 교회를 세속적 안전에 정착한 기관으로 만드는 모든 것은 마찬가지로 주님의 은혜로 삶을 영위하는 공동체의 참된 본성을 잃게 한다. 교회는 자신이 소유하는 것을 본래 교회의 본질과 상관없는 것으로 고려하기 시작하는 한 위험을 겪게 된다.

우리는 소교수 공동체의 재정 관리와 관계해서 일반적인 증거들로부터 몇몇 상세한 자료를 찾아낼 수 있을까? 이 분야에서 일반법칙을 진술하는 것은 불가능한 것처럼 보인다. 왜냐하면, 각 지역 혹은 국가 공동체 특유의 행동은 교회 존재 그리고 그것의 본질 자체를 이해하는 방식에 따라 다르기 때문이다. 우리는 이것을 신앙 안에서 자유의 정도에 달렸다고 말한다. 그렇지만, 우리는 앞에 설명했던 것으로부터 재정 관리에 대한 몇몇 일반적인 성격을 찾을 수 있을 것이다.

1) 첫째 교회에 속한 재산은 교회에 의해서 그리고 기독교인
에게 맡긴 재정 관리에 의해서 늘 관리 돼야만 한다. 교
회에서 재정 관리의 직무를 수행하는 사람들은, 청지기
의 직무*oíkovóμoi*란 말의 본디 의미로 볼 때. 하나님께 속
한 재산을 돌보는 회계 담당자이자 관리자이다.[3] 이것은

---

3) [역주] 성경에는 경영이라는 개념으로 누가복음 16장 1절에서 13절에
불의한 청지기 이야기가 나온다. 청지기가 있었는데 청지기가 주인의
소유를 허비한다는 비유가 있다. 주인에게 빚진 자가 등장하는데 여
기서 청지기가 바로 운영자가 된다. 청지기는 주인의 소유 즉, 부자의
집을 대신해서 관리해 주는 사람이다. 청지기는 오늘날 우리가 사용
하는 교회의 운영자와 같은 개념이다. 소유권은 주인인 하나님에게
있고 그 운영권은 자신에게 있다.
오이코노미아*oíkovóμoi*는 오이코스*oιkoσ,가정*와 노모스*νoμoσ*·경영 두 단
어의 합성어다. 문자적으로 오이코노미아는 가정 경영이라는 뜻이
다. 바울 시대에 이 단어는 그보다 넓은 의미로서 도시 경영 등에도
사용되었다. 바울은 하나님의 '경륜economy'에 대해 말한다.골로새서
1:25 여기에서 이 단어가 보여주는 근본 의미는 하나님의 총체적 계획
이다. 성경에서 경제經濟에 해당하는 헬라어 오이코노미아*oικovoμía*는
세 가지 뜻을 내포하고 있다. 첫째는, 가계 혹은 가사의 경영, 다른
사람의 소유에 대한 경영, 관리 및 감독, 또는 청지기의 직무'를 의미
한다. 즉, 하나님께로부터 달란트를 부여받은 각 크리스천 청지기의
달란트 경영이다. 크리스천은 자신이 청지기오이코노모스, 집 맡은 자임
을 깨달아야 합니다. 모든 소유가 '내'게 있는 것이 아니라 하나님께
있다. 따라서, 믿는 사람은 하나님이 원하시는 뜻에 따라 '나눔의 사
역'을 감당해야 한다. 둘째로, 오이코노미아는 '복음 증거의 사명. 혹

관리가 기술적인 면에서가 아닌 정신적인 면에서 일로서
특히 사적인 일로서 행해질 수 없다는 것을 전제로 한다.
왜냐하면, 이것은 예수 그리스도를 주로 고백하는 특별
한 공동체의 재산을 관리하는 것이기 때문이다.

2) 이 세상에서 교회가 추구해야 할 목표가 미래에 올 세계
　　를 선포하는 것이라고 한다면 재정 관리 또한 하나님의
　　영광에 이바지해야만 한다. 그러므로 재정 관리의 목표
　　는 많이 쌓아 두는 것이 아니라 잘 쓰는 것이다. 관리자
　　혹은 회계 담당자의 중요한 일은 지출을 줄이기 위해서
　　가 아니라 오히려 그것을 정리하고 늘리고 지출이 참된
　　목표를 갖게 하려고 '지출에 신경'을 쓰는 것이다.
　　　교회는 이윤을 만들지 말아야 한다. 또한, 교회는 다음

은 복음 증거를 위한 청지기의 직분'을 의미한다. 복음 증거란 지상조
上 사명을 맡은 크리스천이 개인으로 또는 공동으로 이루어 나가야
할 일이다. 셋째로, 오이코노미아는 '인간의 구원을 위해 마련된 하
나님께 속해 있는 경륜'이란 뜻이다. 즉, '하나님의 경제 혹은 경제계
획'이다. 하나님의 경제계획은 다름 아닌 그리스도를 통한 인간구원
이다. 이 시대상황 가운데 존재하는, 하나님의 뜻을 실천하는 교회의
경제계획도 인간구원임은 당연한 귀결일 것이다. 영혼의 구원이 물론
일차적인 목표이지만, 육적·경제적인 빈곤으로 신음하는 이웃을 구
원함도 교회가 감당하여야 할 일이다.

번에 사용할 것을 고려하여 그리고 명확한 목적을 위해
서 지출할 비용을 비축해 두지 말아야 한다. 마찬가지로
교회의 실행 수단을 예상하고 유지하는 것이 바람직한
재정 관리의 의무이다. 특히 바람직한 재정 관리를 위해
서 시설과 조직의 구성에 대한 선견지명과 바른 식견이
필요하다. 교회가 기부를 받아들임에서 먼저 이것이 하
나님을 공경하는데 유용한 것인지 좋은 기회인지와 같은
질문을 제기하지 않고 순수하게 재정적 이득에만 국한되
어서 기부를 받아들이는 것은 지혜롭지 못한 행동이다.

3) 결국 교회 재산 관리를 위해서 사용한 수단에 대해서 우
   리는 무엇을 말할 수 있는가? 행정적인 기술과 방법은 하
   나님 말씀의 판단에서 벗어나 있고 하나님에게 속해있는
   것이 아니라고 우리는 말할 수 있는가?

   그렇지만, 위에서 언급한 것을 상기해 볼 때 교회가 국가
에 의해서 관리되고 국가로부터 보조금을 받는 것이 적합한 일
인지 우리는 자문할 수 있다. 어쨌든 교회의 생계와 물질적 실
재가 국가 권력에 종속돼 있다는 것은 이의를 제기할 만한 것
으로 보인다. 그러나 그러한 상황들은 존재하고 이것은 정치

적, 역사적 이유에 의해서 설명될 수 있다. 아무리 국가가 하나님 말씀이 자신에게 부여한 역할을 정확하게 안다고 해도 이러한 정치적 역사적 이유가 교회와 국가에 대한 신학적 견해에 상응하는 것은 아니다. 어쨌든 국가 교회 혹은 국가적 교회는 완전히 깨어 있고 주의해야만 하는 의무가 있다. 교회가 구제하기를 원하는 사람이 누구인지 잘 파악하는 것 역시 교회의 의무이다. 특히 참된 자유를 아는 것은 교회의 의무이다. 다시 말해서 교회는 세속의 권력에 의한 책임감으로서 지상의 자유와 오직 주에 의해서만 받을 수 있는 자유를 혼동하지 말아야만 한다.

게다가 교회가 증명한 재정 관리에 대한 감시가 확인되었을 때 상황은 전복될 수 있다. 즉 국가는 정치적 이유에서 교회 후원을 그만두고 교회가 교회를 위해 필요한 재산을 소유하는 권리에 이의를 제기할 수 있다. 결국, 교회는 부자 우화의 의미를 상기해야만 한다. 교회는 마가복음 10장 30절에서 제자들에게 전한 예수의 말을 통해서 자신의 모든 현실을 이해해야 한다. 지상에서 인간이 재산을 소유하는 것은 그들이 짊어져야만 하는 십자가의 약속과 함께 주어졌다는 것을 교회는 알아야만 한다. 그래서 교회는 주님과 함께 가난을 공유해야 한다는 것과 이 땅에서의 소유는 다가올 하나님나라의 소유에 대한 일시적 표상 외에는 아무것도 아니라는 십자가의 의미를 상기해야만 한다.

헌 금

물질적인 것을 통해서 예수 그리스도 안에 있는 은혜를 그리고 교회가 조직의 어떠한 특별한 형태와도 연결되어 있지 않다는 것을 구체적으로 증명해야만 하는 것이 교회 본성의 본질적인 측면 중 하나다.

3장

헌 금

　신약성서가 '성도'를 위한 기부금을 가르치고자 헌금이란 말을 한번 사용하고 있음에도 우리는 일반적으로 교회에 필요한 자원을 마련해주고자 사용된 방법들 전체를 지칭하기 위해서 이 말을 사용하는 것이 적합하다고 생각한다.고린도전서16:1 '수집하다'와 '모으다'를 의미하는 로게이아$\lambda o \gamma \epsilon i a$의 어원인 로게요$\lambda o \gamma \epsilon i \omega$란 말은 라틴어역 성서에서 '모금'의 복수형에 의해서 번역된 것이다.4) 또 다른 한편 바울은 고린도 사람들에 의해서 약속된 기부를 가르치려고 유로기아$\epsilon \nu \lambda o \gamma i a$, 고린도후서 9:5~6란 말을 사용한다.5) 일반적으로 이 말은 축복을 의미한

---

4) [역주] 신약성서에서 헌금의 의미는 누가복음 21장 1절과 4절에서 선물, 기부금이라는 의미의 '도론'으로 쓰이지만, 고린도전서 16장 1절에는 '로게이야'로서 수금이나 모금의 뜻을 지닌 연보로 번역되어 있다.

5) [역주] 유로기아$\epsilon \nu \lambda o \gamma i a$라는 말은 참 연보로서 '축복'의 의미가 있는데, 이는 사랑의 동기에서 나온 참된 구제는 주는 자나 받는 자 모두에게 축복이 된다는 뜻이다. 성경에서 나오는 참 연보는 자원함에서

다. 왜냐하면, 70인역 성서가 호의를 얻고자 다른 사람에게 베푼 선물을 가리키고자 가끔 이 말을 사용하고 있기 때문이다. 창세기33:11; 여호수아15:19절 등 게다가 고린도후서에서 9장에서 기부는 섬김 그리고 성도들과의 교제와 같은 직접적 관계와 복음의 신앙 고백을 가리킨다. 결국, 초대 교회시대에 재산 관리에 대한 정확한 선례들이 없었을 때 순수하게 예배를 위한 지출과 사제직 수행을 유지하는 데 필요한 자원들은 성도들의 기부를 기원으로 한다. 이때 이들의 기부는 자유 은총 안에서 사도들과 파송된 자들에게 자유로이 필요한 자원들을 쓰게 하고 하나의 공동체에 의해서건 이웃 공동체의 도움을 통해서건 그 지역에 필요한 비용을 제공했다.

　　모세의 명령은 교회는 하나님의 은혜로 삶을 영위해야만 하고 이 은혜는 신에 대한 감사의 표시로서 공동체 구성원들이 자발적으로 헌금, 기부 그리고 희생물을 드리게 하는 구체적인 방식으로 작용한다는 것을 잘 드러내고 있다. 이 명령에 따르면 예배를 섬기는 것과 사제와 성직자를 유지하는 것은 '여호

이루어져야지 의무적이 되어서는 안 되며, 자기희생적인 것으로 자기만족적이 되어서는 안 되며, 사랑의 동기에서 비롯되어야 하지 자랑에서 비롯되어서는 안 되는 것이다.

와께 경의를 표하기' 위해서 드려진 일부 헌금에 의해서 보장 됐다는 것이 잘 드러난다. 민수기18:25~29 이 본문은 제5장의 주제인 '직무에 대한 보수'를 논하면서 다시 살펴보게 될 것이다. 무엇보다 먼저 우리는 물질적인 것들을 보장받으려고 교회가 사용한 방법들이 살아계신 주님을 믿는 신앙 위에서 세워진 '공동체' 본성 자체와 밀접한 관계가 있음을 인지해야만 한다.

성서는 우리에게 성도의 기부 징수 풍습에 대한 어떠한 정보도 주고 있지 않다. 이 침묵은 1세기 공동체가 영적 '분위기' 속에서 그리고 지금 우리 시대와는 다른 경제적 상황 속에서 살았다는 사실에 의해서만 단지 설명될 수 있는 것은 아니다. 또한, 그것은 체제보다는 운동을 더 유지하던 그룹 내의 조직의 부재에 의해서 설명될 수 있는 것 또한 아니다. 고린도전서 16장에서 모세가 말하는 권고에 따르면, 이 권고는 전에 갈라디아 교회에 전했던 권고를 다시 재현한 것인데, 필요에 의해서 이와 같은 조직은 존재할 수 있다. 교회의 구조는 교회를 유지하기 위해서 기부를 받는다. 그러나 교회는 자신의 삶을 영위하기 위해 받는 기부 방식을 정의하고 있지는 않다. 왜냐하면, 그것을 정의하지 않는 것 자체가 교회의 본질이기 때문이다.

물질적인 것을 통해서 예수 그리스도 안에 있는 은혜를 그리고 교회가 조직의 어떠한 특별한 형태와도 연결되어 있지 않다는 것을 구체적으로 증명해야만 하는 것이 교회 본성의 본질적인 측면 중 하나다.

또한, 교회 구성원들은 보이는 행위를 통해서 교회가 자신이 예수 그리스도에게 속해 있는 참된 교회임을 나타내야만 한다. 동시에 교회는 이것을 통해서 모든 법과 명령으로부터 주님이 주신 참된 자유를 드러내야만 한다.

교회가 영적으로 자유롭다고 하는 증언은 교회가 단순히 재정조직을 갖지 않는 자유로운 공동체라는 것을 의미하지 않는다. 이것은 성령님의 도우심이 성도들에게 교회의 필요 아니 그 이상을 제공하도록 하는 기부를 불러일으킨다는 것을 말하는 것 또한 아니다.

확실히 기독교 공동체가 이런 실질적인 태도를 진지하게 취했다면, 그리고 교회가 자신이 해야만 하는 의무와 성령님의 도우심이 자신의 곳간을 채우기 위한 신비한 기법으로 변형되는 것이 아니라는 것을 알았다면, 교회의 역사는 어리석고 가슴 아픈 모험들의 역사가 아니었을 것이다. 다시 말해서 교회의 역사는 사람들이 신앙에 의한 삶과 '영에 따른 발걸음'을 구실로 결국에는 '육신'의 삶에 빠지게 된 수많은 예의 역사가 아니었을 것이다.

　　그렇다고 해서 역사 안에서 교회의 이런 잘못이 '신령한 것'을 뿌렸은즉 '물질적인 것'을 거두는 것이 과하다 하겠느냐 고린도전서9:11고 하는 계시의 근본적인 진리를 약화시킬 수 없다. '영적' 위험에 대한 두려움을 통해서 혹은 율법주의에 근거해서 성도들의 규칙적인 할당금을 규제하고 체계화하면서 그들의 물질적인 것의 안전을 보장하는 교회는 이 진리를 잊지 말아야 한다. 사실 재정 조직은 기독교 공동체에 유용하고 필요한 것이다. 이것은 예수가 권고했던 '지혜'와 교회에서 일어날 수 있는 모든 것을 위해 성 바울이 요구했던 '명령'에 해당하는 것이다. 그러므로 공동체가 구성원들에게 헌금에 대한 지침을 주어야 한다고 느꼈더라면! 그리고 공동체는 이것에 대한 규율을 주면서 자신이 해야만 하는 의무가 무엇인지 또한 알았더라면! 또한, 재정 조직이 예수 그리스도의 살아 있는 공동체라는 것을 확실하게 나타내었더라면! 더 나아가서 공동체 구성원들의 기부를 격려하고 그것을 모으려고 공동체가 사용한 방법이 공동체의 참 본성과 사명과 일치했다면! '헌금'은 더는 '인색한 행위' 고린도전서9:5가 아니라 유로기아 $\epsilon\nu\lambda o\gamma\iota\alpha$, 진실로 축복의 기회이고 세금 징수가 아닌 하나님에 대한 감사의 표시가 될 수 있었을 것이다.

　　여기에서 이것을 구체적이고 상세하게 설명하는 것은 어쩌면 유용할 듯싶다.

　　어떤 시스템도 그 자체로 나쁜 것은 없다. 그렇지만, 우리는 국가 또는 세속 공동체의 관리 조직에 성도들의 자발적인 분담금의 책임을 다시 세우고자 하는 이 제도가 성도들의 마음에 '자발적 기부'를 견고하게 할 수 있는 것인지 먼저 자문해 봐야 한다. 또한, 우리는 자발적 기부의 개념이 모든 기독교 공동체의 특징들과 은혜 위에 세워진 자비와 양립할 수 있는 것인지도 자문할 수 있어야 한다.

　　일반적으로 많은 교회는 성도들이 정규적으로 내야만 하는 의무가 있는 '분담금' 제도를 세우고 있다. 이런 실천은 교회를 가입에 의해서 모집되는 조합과 동일시함으로써 나타난 것이다. 이와 같은 제도는 이전의 역사적 상황에서 유래하여진 것이다. 다시 말해서 프랑스는 교회의 분담금 제도는 1905년 구성원이 '최소한의 분담금'을 지급해야만 하는 의무의 규정을 지닌 '종교 단체'가 결성되면서 유래한 것이다. 사실 교회는 비교적 편리한 이 제도의 단순한 선택을 통해서 재정 문제를 교회가 실제로 해방되어야만 하는 외부적이고 율법적인 것으로만 간주하기에 이르렀다.

게다가 신앙 부흥운동은 자발적인 헌금과 익명의 헌금 그리고 십일조의 실천을 도입했다. 이와 같은 방법들은 분담금과 결합하였다. 그러나 본래 개인적인 계시 영역인 것을 어떻게 보편적인 기준으로 삼을 수 있을까?

결국, 교회의 수익을 위해서든 아니면 교회가 지지하는 사업을 위해서든 교회 안에서 유용한 상업적 방법들로는 무엇이 있을까? 우리가 기획한 '판매'가 하나님에 대한 감사 표시의 기회일 수 있다면! 판매가 성도들이 하나님께 드릴 땅의 현물을 화폐로 변형시킬 수 있는 간단한 방법이라고 한다면 실제로 판매는 공동체 건립에 이바지할 수 있고 자연 재화를 소유한 사람들에게 그것을 즐겁게 봉헌할 기회를 제공할 수 있다. 그렇다고 해서 이것이 판매의 이름으로 소교구의 활동을 훼손하는 상거래나 불법거래까지 정당화하거나 허가하는 것은 아니다.

기독교 공동체에서 집회와 최후의 만찬 거행을 헌금 드림과 성스럽게 연결하는 관례는 우리 언어가 지닌 헌금이라는 말의 좁은 의미를 넘어서서 헌금의 의미에 대한 귀중한 증거를 포함하고 있다. 헌금을 봉사의 직무διακονία τῆς λειτουργίας, 고린도후서9:12와 예배의 봉사가 되게 하는 모든 것은 성도들에게 재산의 사용과 하나님을 향한 감사 사이에 존재하는 관계를 발견하도록 도와주면서 결국 교회를 건립하게 한다.

결국, 사용된 방법이 무엇이든 간에 무엇보다 중요한 것은 기독교 공동체가 참된 공동체로 있는 것이다. 그러나 다른 분야와 마찬가지로 교회 공동체 역시 조직과 관리와 같은 외부적인 것에 의한 개혁을 기대할 수 없다. 반대로 이와 같은 개혁은 교회가 예수 그리스도 공동체의 참된 본성을 재발견하고 그의 말씀에 의해서 재정립되었을 때 일어날 수 있다. 즉 교회 공동체가 이와 같은 모습으로 이 땅에 있을 때 우리는 모든 다른 분야에서와 마찬가지로 재정분야에서도 자신의 책임자에게 복종하고 그에게 감사하는 재정 조직과 재정 관리 공동체를 기대할 수 있다.

4장

재산 공동체와 형제에 대한 도움

만약 어느 날 교회 안에서 기독교인이 하나님의 말씀과 성령님에 의해서 그들 형제의 물질적 필요를 채워주기 위해서 자신의 돈과 재산을 사용하라는 직무를 발견하게 된다면, 이 날에 그들은 조직과 예수 그리스도를 진정으로 공경하는 직무를 요구하는 것과 같은 약간은 위태롭고 위험한 결정과 행동에 이르게 될 것이다.

4장

재산 공동체와 형제에 대한 도움

재산 공동체와 형제에 대한 도움이라는 중요한 주제를 별도로 다루면서, 우리는 아직도 우리의 것이라는 토양과 관점에서 벗어나지 못한 채 머물러 있다는 것에 주의해야만 한다. 우리는 공동체를 예수 그리스도 안에서 그리고 그의 은혜 안에서 자신의 신앙을 고백하는 지상의 실재로 간주한다.

공동체 구성원들이 개인적으로 소유한 물질적 재산과 돈의 사용과 관련된 문제는 공동체에 속해 있는 재산의 사용과 관리가 제기하는 문제와 다른 것이 아니다. 이웃 공경은 하나님 공경과 분리될 수 없다. 오늘날 공적 법은 순수한 교회의 '예배' 활동을 교회의 자선 활동6)과 구별짓고자 한다. 또한, 도움, 서로 돕기, 자비의 개념의 세속화는 우리 시대의 대표적

---

6) 예를 들어 프랑스에서 문화 단체에 대한 법은 교회 재산관리와 원조 사업을 엄격하게 구분하고 기관으로서 교회가 자비와 상호 도움을 실천하는 것은 금지한다.

특징 중 하나이다. 이와 같은 상황에서 교회는 계속해서 예수 그리스도의 교회로 있으면서 신앙과 사업을 별개의 것으로 구별 짓지 말아야 한다는 것을 기억해야만 한다.

그러므로 우리는 여기에서 먼저 재산 공동체에 대한 기독교 연구의 토대를 밝히고자 한다. 더 나아가서 무엇이 이런 공동체를 교회의 특징으로 만들었는지 살펴보고자 한다.

모든 질문은 코이논*koinón*, 공동과 코이노네인*koinōneín*, 코이노니아*koinōnía*, 교제, 코이논쓰*koinōnos*와 같은 파생어들의 개념 분석으로 귀착될 수 있다. 교회에 적용된 이 표현들은 정확하게 무엇을 의미하는가?

무엇보다 먼저 우리는 오순절 날 예루살렘에서 탄생한 첫 번째 공동체를 묘사하는 본문에서 코이논*koinón*이란 말이 반복되어 사용되고 있다는 것을 확인할 수 있다.

사도행전 2장 44-45절: '믿는 사람이 다 함께 있어 모든 물건을 서로 통용하고 재산과 소유를 팔아 각 사람의 필요에 따라 나눠 주고'

사도행전 4장 32절: '믿는 무리가 한 마음과 한뜻이 되어 모든 물건을 서로 통용하고 제 재물을 조금이라도 제 것이라

하는 이가 하나도 없더라.' 그리고 또 이 본문은 자신의 주장을
증명하기 위해서 바나바, 아나니아와 삽비라의 예를 제시한다.

이 본문들은 '믿는 사람들', 다시 말해서 성령에 의해서
사도의 사명을 받고 세례에 의해서 의미 있는 은혜에 참여자가
된 사람들에 대해 말한다. 이때 사람들은 단순한 만남이 아닌
한 마음과 한 뜻의 교제 안에서 재산의 통용이라고 하는 구체
적 표현을 표명하면서 함께 있었다.

우리가 다음과 같은 근본적인 두 개념을 명심한다면 묘사
된 예루살렘 기독교 공동체의 진정한 영향력은 나타나게 될 것
이다.

a) 예루살렘 기독교 공동체가 명백하게 포함하는 '교제 '또
　는 '공동체' 의 개념.
b) 여기서는 언급되고 있지 않지만 많은 구절에서 교회의 구
　성원들 사이에 존재하는 관계의 본성을 나타내는 '형제'
　의 개념.

1. 신약성서 안에서 코이노이아*koívωvía*, 교제의 개념은 참여

와 나눔의 개념과 밀접하게 연관되어 있다. '아들과의 교제로 부름 받은' 사람들은 은혜의 약속 다시 말해서 하나님께서 예수 그리스도 안에서 행하셨던 화합, 화해 그리고 연합에 참여한다.고린도전서1:9 하나님 긍휼의 영원하심으로 선택받고 부름 받은 이 사람들은 더는 이방인도 원수도 외인도 아니고 성도들과 같은 시민이며 화해된 사람들이고 이웃이다.참조. 특히 에베소서2:11~22 이것은 약속하신 유산을 소유하게 하고 기다린 안에서 예수 그리스도의 몸에 참여하게 하는 은혜와 선택의 신비에 참여하는 것이다. 그들은 '그리스도의 살과 피에 참여' 하면서 코이노이아 $\kappa o \iota \nu \omega \nu \iota a$ 를 발견하게 된다.고린도전서 10:16~17 및 그 이하 기독교인은 교회와의 교제 안에서, 아버지와 아들과 교제할 때,요한일서1:3 '성령님의 교통하심' 과 관계할 때고린도후서 13:13; 빌립보서2:1 또는 그리스도의 '고난의 참여' 와 관계할 때,빌립보서3:10 사람은 제각기 몫을 가진다는 유산의 관점에서 모든 사람에게 약속한 은혜의 참여자 즉 코이논쓰 $\kappa o \iota \nu \omega \nu o s$ 가 된다.

　　다음과 같은 근본적인 사실은 재산 공동체의 있는 그대로의 모습을 명확하게 보여주고 있다.

a) 자신들의 소유를 팔아 모든 사람과 그것을 나누는 것 외에는 기독교인들이 예수 그리스도와 교제하고 있음을 구체적으로 표현하는 또 다른 방법은 없다.

b) 이 방법으로 그들은 고립과 격리에서 벗어날 수 있다. 사실 사적 재산을 소유하는 것은 그것을 소유하는 사람과 소유하지 않은 사람 사이의 구별을 시인하고 유지하게 한다. 이 땅에서 격리는 교제에 반대하고 교제를 방해한다. 야고보서야고보서2:1~4는 교회 안에서 '어떤 사람은 받아들이도록' 부추기고 또 어떤 사람에겐 구성원들과 교제하지 못하게 하는 것은 정확하게 재산의 소유와 관련되어 있음을 증언하고 있다.

c) 결국 곧 도래할 하나님나라의 선포와 관계해서 사도행전의 재산공동체는 종말론적 의미가 있는 것처럼 보인다. 예루살렘 교회는 일반적으로 가난하게 만드는 물질적 재산의 재분배를 통해서 모세의 법 안에 있는 재산 상환 제도와 유사한 행동을 취한다. 레위기25장 이것은 이스라엘사람에게 가나안 땅은 영원하신 분의 소유이고 약속의 땅인 것을 상기시키려는 것이다. 그러므로 재산 분배는 하나님

나라에서 모든 사람에게 약속하신 유산의 몫에 대한 예언
적 표시로서 누구도 재산이 본래 자신에게 속한 것이라고
말할 수 없는 일종의 반환 의미를 지닌다.

　2. 그러나 예수 그리스도의 교제 안에서 형제들 사이의 교
제 개념을 고려하지 않은 공동체 개념은 불완전한 공동체 개념
이 될 수밖에 없다.[7)

　탄생, 죽음 그리고 부활에 의해서 진정으로 '이웃'이 된
예수 그리스도 는 하나님과 화해로 '부유하신 자로서 우리를
위하여 가난해지심은 그의 가난함을 인하여 우리를 부요' 고린
도후서8:9하게 만들고 '형제를 위해서 돌아가신 그리스도' 를 모
든 가난한 사람 안으로 끌어들이게 한다. 교회 구성원의 형제
애는 예수 그리스도의 형제애에 근거를 둔다. 코이노노이
*κοίνωνοί*의 은혜에 참여하는 사람은 '자신의 재산을 나누어주어
야만 한다' 디모데전서6:18, 코이노냐코이 *κοίνωνίκοί*

　교제*κοίνωνία,* 코이노니아란 말은 '형제를 위한 도움' 또는 성
도를 위해 마련된 도움로마서15:27; 고린도후서8:23 또한 서로 불행
과 고통에 참여하며빌립보서4:14 그리고 공동의 임무를 지닌 단

---

7) La Christusgemeinschaft implique la Christengemeinschaft (cf. Hauck,
article *κοίνωος* etc., dans le Th. W. z N. T., vol. III, p. 807).

체갈라디아서2:9를 의미한다고 여러 번 되풀이해서 명확하게 언급되고 있다.

요컨대 재산 공동체는 예수 그리스도와의 교제 안에서 확립된 형제와의 교제를 제외하면 우리에게 어떠한 의미도 갖지 못한다. 공동체의 모든 힘은 예언과 증언으로부터 나온다. 또한, 공동체는 사회 조직의 계획이나 관심에 전혀 상응하지 않고 오히려 교회 안에서 도래할 하나님 나라가 유일하게 가능한 공동체임을 예언자적으로 나타내려고 사회적 신분을 없애려 한다. 예수 그리스도와의 교제 안에서 더는 사람들 사이의 사회적 구분은 있지 않다. 왜냐하면, 부와 가난이 더는 형제들 사이의 구별을 만들지 않기 때문이다. 마찬가지로 부의 공유는 외부에서 강요된 법 또는 의무에 의한 것이 아니다. 이것은 그것을 부추기는 사랑처럼 성령님의 자유로운 은총의 결과이다. 아나니아와 삽비라의 극적인 이야기는 소유한 사람은 재산을 손에 쥐려고 한다는 것을 나타내고 있다.사도행전5장 그러나 만약 그가 신앙에 복종했다면 거짓말을 할 수 없었을 것이고 죽지 않았을 것이다. 그러므로 아나니아와 삽비라의 행위는 굉장히 위험한 것이었고 우리는 타산과 속셈을 가지고서 이와 같은 행동을 하지 말아야 한다.

교회 안에서 자비의 실천에 대한 어떤 실천적 명령을 이끌어 낼 수 있을까?

첫째, 형제의 도움은 신앙의 간단한 윤리적 결과 혹은 교회 생활에서 두 번째 문제로 간주하여질 수 있는 것이 아니다. 오히려 이것은 교회 생활을 구성하는 본질적 요소 중 하나다. 즉 형제와의 물질적 관계없이 교회의 구성원일 수 없다. 그러므로 유심론 안으로의 모든 도피는 기만이다.

둘째, 예수 그리스도를 이미 오셨고 다시 오실 주님으로 고백하는 신앙은 재산의 소유가 만들어 낸 종속적인 관계와 격리시키는 것과 양립할 수 없다. 신앙 안에서 기독교인은 아주 자주 우리의 의식을 안심시키기 위해서 형제를 위해서 자신의 재산을 지출하는 단순한 적선은 하지 말아야 한다. 기독교인은 돈의 영향력으로부터 자신을 해방해야만 한다. 또한, 기독교인은 자기 자신과 자신이 소유하는 것이 형제의 이름으로 자신과 연결된 예수 그리스도의 주권에 종속되어 있다는 것을 알아야만 한다. 어떠한 명령도 어떠한 규칙도 기독교인의 자유가 행사되고 있는 본래 영역의 범위를 정하고 한계 지을 수 없다.

재산 공동체가 교회의 계율이고 공동체의 내부 생활은 경제적 기반 위에서 조직되어야 한다고 말할 수 없다. 다른 한편 이론적으로 하나님이 모든 것의 주인이고 또한 각자는 그를 기쁘게 하려고 자신의 재산을 사용한다고 역시 말할 수 없다. 내 재산이 더는 '나만의 고유한 것으로서' 내게 속한 것이 아니라는 사실과 그것들에 대한 예수 그리스도의 주권을 안다면 그리고 더는 성령님께 거짓말쟁이가 되고 싶지 않다면, 주님께서 내게 맡긴 재산을 가지고 행동하는 방식은 내가 주님께 신앙을 고백했을 때 말한 것을 의미해야 한다. 이와 같은 특징은 나의 신앙의 진실성의 증거로서 나타난다. 교회 공동체 안에서 인간을 향한 하나님의 사랑의 힘이 표현된다면 또한 거기에는 이 사랑의 진리를 증명하는 눈에 보이는 특징들이 나타나야 한다. 기독교인이 행하는 자비의 기반은 실제적인 것에 의해서 하나님의 사랑의 자비를 표현하는 것과 다른 어떤 것일 수 없다.

오늘날 한편에서 긍휼, 도움, 형제의 도움과 같은 실천은 공적·사적 특별한 제도 혹은 사업에 근거한 것으로서 간주한다. 또 다른 한편에서 국가에 의한 '사회 보장' 조직으로 말미암아 기독교의 '자비' 개념은 '연대'와 '정의'라는 세속화되고 평가 절하된 개념들로 대체되고 있다. 기독교의 '자비' 개념으로 대체하고 있다. 이와 같은 것들은 우애와 관계된 교회의 현실주의적 결함을 나타내고 있다. 원시 교회에서 물질적 재산의 나눔을 표현했던 형제의 도움이란 말은 오늘날 감상적인 의미 외에는 그다지 다른 의미를 포함하고 있지 않다.

결국, 이데올로기와 마찬가지로 종교적 혹은 정치적 선동에 의한 공동체적 운동이 표명하는 잘 알려진 유혹 중 하나는 구성원들을 물질적 생활 관점에서 결합한다는 것이다.

오늘날 교회가 이 영역 안에서 공동체 자신의 지위를 들먹이며 뽐낼 수 있는지 진지하게 자문해봐야 한다. 사실 교회 회의 혹은 모임에 '자주 드나드는 사람' 대부분은 양심에 아무 거리낌 없이 자신들을 '훌륭한 기독교인'으로서 간주한다. 그리고 그들은 자신들의 물질적 상황을 오직 가볍게 손상 입힐 수 있는 재정적 요구에만 기꺼이 응답하고 그러한 '사업'만을 지지한다. 예수 그리스도를 따르려면 모든 것을 버려야 하고, 사람들은 서로 서로에게 부담을 가져야 하고, 무엇을 주려고 일해야 하고, 숙식을 제공하라는 표현들이 제공하는 초 극단적으로 마음을 놓이게 하는 해석으로 말미암아 이 표현들이 지닌 구체적이고 즉각적 의미를 사라져 버리게 되었다. 더 나아가서 가장 큰 문제는 교회의 구조와 형태 안에 성도들을 격려하면서 돕고 교육할 수 있는 어떤 것도 없다는 것이다.

　　우리는 몇몇 고찰을 통해서 교회 안에 있는 형제의 도움 구조로서 집사의 문제를 제기하고자 한다.

　　집사의 이름을 보존하거나 다시 취하는 '자선' 단체는 거의 어디에나 있다. 우리는 현대 사회 체제의 모방을 통해서 소교구적[8] 차원에서 서로 돕는 문제를 해결하고자 하는 조직의 혁신적 노력과 시도들을 여기저기에서 목격하게 된다.

　　우리는 여기에서 이 질문 전체에 대한 조사와 그에 대한 해결책을 찾기보다는 재산 사용이라는 특별한 관점에서 기독교 공동체의 본성과 구성요소 의미를 살펴보고자 한다.

　　질문은 다음과 같은 방식으로 제기될 수 있다.

　　공동체 안에서 형제의 봉사는 교회의 어떤 특별한 직무 형태에 해당하는가?

　　신약 성서는 이 점에 관해서 우리가 모방해야 할 모델도 따라야 할 규칙도 주고 있지 않다. 게다가 성서 자료는 너무 제한적이고 애매하다. 그렇다고 해서 본문이 말하는 것보다 더 많은 것을 본문에 부여하면서 집사 이론을 세울 수는 없다.

---

8) 프랑스에서 이 영역은 개신교 가족 연합의 일을 가리킨다.

우리는 먼저 일반적으로 디아코니아*diakonía*란 말이 어떠한 직무를 지칭하기 위해서 사용됐는지 확인해야 한다. 디아코노스*diakonos*,집사란 용어는 적어도 세 개의 구절에선 특별한 직무와 관계하는 것처럼 보인다.빌립보서1:1; 디모데전서3:8~13 그들의 권한은 잘 정의되어 있지 않지만 아마도 교회 재산 관리와 긍휼의 실천과 관계했을 것이다. 그들은 '감독'의 보조자였다.빌립보서1:1 그러므로 그들은 공동체를 감시 감독하는데 참여했을 것이다. 다른 한편 사도행전 6장에 따르면 예루살렘에서 '식사를 공급'하려고 지명된 '일곱 명'은 집사라고 불리지 않고 안수를 받고 성령님의 도우심을 요청하는 직무를 위해서 세워졌다고 말하고 있다. 사도행전 또는 서신서에서 이것은 교회를 구성하는 그리고 카리스마적 직무로서 나타나고 있지 않는다는 것에 우리는 주목할 수 있다. 다시 말해서 집사는 교회의 본질적 구성요소가 아니라 상황들에 의해서 필요해진 일을 수행하기 위해서 부차적으로만 나타난 직무임을 가리킨다. 그때 왜 그런지를 이해하는 것은 중요한 일이다. 말씀을 전하는 직무는 어떻게 보면 교회를 생기게 하고 그리스도라는 토대 위에서 신앙에 호소하면서 교회를 감화시키는 반면에베소서4:11과 그 이하 봉사의 직무는 교회를 건립하진 않지만 관리하고 정리하고 공평하게 재분배하는 하는 일을 한다.

교회 안에서 기관을 만들어 내는 것이 교회의 기능이 아니다. 기부를 하게 하고 자비를 유발하는 것은 집사의 실재에 따라 이루어지는 것이 아니다. 반대로 '자비에 의해서 움직이는 신앙'이 기부를 풍부하게 유발하고 또한 공동체 구성원들 사이에 검소와 후한 인심과 같은 구체적 행위를 불러일으킨다. 그 결과 이것은 조직이나 기관과 같은 실재가 필요해지고 더 나아가서 그것들에게 특별한 직무를 요청한다. 그러므로 고린도 후서에서 '성도의 봉사'가 집사로서 세 번 되풀이해서 지칭되는 것은 우연이 아니다.고린도후서8:4; 9:1,12 사건과 상황이 신뢰할 수 있는 관리와 자격을 갖춘 사람을 고용하도록 요청하는 것은 봉사는 중요한 것이고 기부는 크고 풍요로운 것이기 때문이다. 요컨대 조직은 진정으로 형제의 교제를 나타내게 될 것이다.

그러므로 진정한 집사는 더는 곤궁하게 살면서 보잘것없는 적선을 베푸는 교회 밖의 체제 일 수 없다. 그것은 형제의 봉사가 가상이 아닌 현실이 된 그곳에서만 세워질 수 있다. 왜냐하면, 우리는 어떤 것도 주어지지 않은 곳에서 어떤 것도 분배하고 나누어 줄 수 없기 때문이다. 어떠한 자선단체도 자비를 생기게 할 수 없을 것이다. 그러나 만약 어느 날 교회 안에서 기독교인이 하나님의 말씀과 성령님에 의해서 그들 형제의 물질적 필요를 채워주기 위해서 자신의 돈과 재산을 사용하라는 직무를 발견하게 된다면, 이 날에 그들은 조직과 예수 그리스도를 진정으로 공경하는 직무를 요구하는 것과 같은 약간은 위태롭고 위험한 결정과 행동에 이르게 될 것이다.

인간적 관계와 접촉이 성립하기 너무 어려운 도시의 큰 소교구 대부분의 구조 자체의 완전한 변화 없이 실천적 실현이 나타날 가능성은 별로 없다. 오늘날 큰 도시의 격렬하고 끔찍한 삶이 만들어 낸 익명과 고립 그리고 거리감, 사회적 조건의 차별 그리고 또 다른 요인들은 그 안에서 '공동의' 삶이 유토피아인 큰 소교구의 실재를 유지하기 위한 노력을 헛된 것으로 만든다. 교회는 적은 인원의 집단과 모임을 증가시키면서, 모든 위장된 정신주의의 정체를 폭로하면서, 그리고 교회 공동체를 일상적이고 개인적인 삶의 현실 영역에 건립하면서, 구성원들 사이의 관계 안에서 사람들 각각의 특별한 상황과 필요를 알게 하는 조직 형태를 찾아야만 한다. 그러나 여기에서 조직은 계시를 따르고 동행해야만 하는 것이지 조직이 계시를 선행할 수 없다.

5장

직무의 보수

보수란 신약성서 안에서 일 또는 직무에 상응하는 급여나 보수를 뜻하지 않는다. 모스토스(삯)는 '보상'과 완수한 행위와 뿌려진 말씀으로부터 자연스럽게 유래한 무료의 기부를 뜻한다. 말씀은 필연적으로 성도들 가슴에 감사의 기도와 감사 행위를 가져온다. 그 결과 복음을 전하는 설교자들은 결국 복음으로, 다시 말해서 신에 대한 성도들의 감사와 사랑의 구체적 표현에 의해서 삶을 영위하게 된다.

5장

직무의 보수

    직무의 보수에 대한 연구는 더 넓은 의미의 교회 재산 관리에 관한 연구를 대신하는 것처럼 보인다. 사실 그것은 교회의 재산 관리의 다양한 부분 중의 하나다. 그렇지만, 우리는 이 주제를 따로 떼어서 별도로 다루고 많은 분량을 이것에 할애할 필요가 있다. 왜냐하면, 적어도 세속의 조직과 다르게 조직되는 자유 공동체 안에서 직무의 보수는 가장 중요한 지출 부분이고 또한 이 책임은 교회 안에서 돈의 문제를 예민하게 제기하고 있기 때문이다. 그리고 또한 우리는 보수와 관련된 질문을 통해서 돈의 문제가 공동체의 내부 형태와 구조의 문제와 어떻게 밀접하게 연결되어 있는지 알 수 있기 때문이다.

    게다가 신약성서가 형제를 위한 봉사의 권고와 함께 성도가 말씀을 전하는 성직자들을 물질적으로 책임지는 것을 돈과 재산과 관계된 문제로 생각하는 것은 아주 인상적이다.

우리는 고린도전서 9장에서 이 주제에 관한 가장 정확한 증언들을 발견할 수 있다.

이 본문은 물질적 조건을 정하면서 직무에 대해 논하고 있고 그것에서 유래한 돈과 관련된 교회 행동의 결과들을 제시하고 있다.

바울은 이 장을 자신이 사도 직무의 '권리'라고 칭한 것과 신의 부르심에 의해서 스스로 포기한 권리를 세우는데 할애하고 있다. 여기서 '권리'라는 말은 일반적으로 성경에서 권력, 힘, 명령할 수 있는 능력(들) 그리고 하늘의 권위들 또는 힘들을 가리키는 그리스어 엑소우시아 $\dot{\epsilon}\xi o v\sigma\acute{\iota}a$, 권한, 자유, 힘를 번역한 것이다. 이 말은 자유롭게 행동할 가능성, 허가 그리고 권한의 의미로서 권위를 의미한다. 바울에게 있어서 이것은 직무 본성 자체에서 나온 권력이 아니라 오히려 성직자가 자유로운 환경에서 직무를 행하도록 부여받은 허가를 말한다. 우리는 같은 의미로 사용된 이 말을 고린도전서 8장 9절에서 다시 찾을 수 있다.: '너희의 엑소우시아권한,자유,힘가 약한 자를 죄에 빠뜨리는 것이 되지 않아야 한다' 요컨대 이 같은 전개는 서신서의 중요한 주제 중의 하나인 기독교인의 자유에 대한 일반적인 가르침을 복음 설교자의 특별한 경우에 적용한 것이다.

　　그러므로 직무의 권리는 직무 자체를 구성하는 요소가 절대적이어서 침해할 수 없는 것도 그리고 일종의 인간의 자연권보다 더 많은 원칙을 가지는 것도 아니다. 반대로 이것은 상황에 따라서 이론과 논란의 여지가 될 수 있다. 바울은 15절에서 자기 자신을 위해서 그것을 요구하는 것이 아니고 직무 본성과 자신이 자발적으로 의무로 받아들인 상황들 때문에 그것을 포기하게 된다고 진술하고 있다.

　　이러한 권리의 실천은 복음 설교자의 삶을 특징짓는 자유와 사도의 직무를 표현하고 있다. '자유롭지 않은가? 사도가 아니지 않은가?' 이 두 표현은 상호 보완되고 서로서로 영향을 받는다. 왜냐하면, 예수 그리스도에 의해 죄와 율법으로부터 자유로워지고 해방된 기독교인은 또한 세상과 세상의 판단 즉 모든 것에 대하여 자유롭다. 그러나 그는 주님과의 교제 안에서 모든 구속과 불명예 역시 경험할 수 있다. 주님에 의해서 보내심을 받은 사도는 직무 자체에서 자신의 자유의 한계를 발견한다. 그는 모든 기독교인처럼 '유익한' 것이라는 기준고린도전서6:12과 약한 자들에 대한 자비에 맞는 기준고린도전서8:9에 자신의 행위를 종속시켜야 할 의무뿐만 아니라 설교가 사도의 직무에 기반인 복음과 관계가 깊다는 것도 안다. 예수 그리스도에 의한 은혜와 해방의 복음은 그것을 전하는 사람들을 구세주에 구속한다. 그리고 그들은 복음을 전하는 '의무적 필연성'에 의해서 지배된다. 가장 큰 불행은 전하는 필연성 이전부터 자신의 자유를 없애면서 예수 그리스도의 하수인이 되는 것이다. 왜냐하면, 이렇게 하면서 그는 자신의 자유를 잃어버리게 되기 때문이다. 기독교인의 자유는 '그리스도의 율법' 아래에서만 유지될 수 있고,고린도전서9:21 그것은 자기를 버리는 상황에서만 자제될 수 있다. 또한, 그것은 그 자체로 완성된 것도 기독교인의 삶 최후의 목표도 아니다. 기독교인의 삶 최후의 목표는 그리스도의 재림과 도래할 영광이다. 자유는 하나님의 영광을 섬기는 안의 범위에서 영광스러워 질 수 있다.

요컨대 자신의 권리를 사용하는 자유는 교회 안에 있는 참된 자유의 실재에 의해서 제약된다. '신앙 안에서 약한 자들'의 나약함 때문에 자유는 존재할 수 없게 되고, 우리는 여전히 율법 아래에 있지만, 성직자의 자유는 이론의 여지가 있는 것이 된다. 그는 자기 자신을 '하나님 앞에서 각 사람의 양심에 존경할 만하게' 만들어야만 하고,고린도후서4:2; 6:4 등 또한 그는 '여러 사람에게 여러 모양이 될 줄' 알아야만 한다.고린도전서 9:22 요컨대 유일하게 고려할 것은 영혼의 구원과 교회의 건립이다. 그러므로 직무의 권리는 교회가 인정한 것에 한에서 타당한 것이어야만 한다. 그것은 혼란의 원인일 수도 없고, 그렇게 돼서도 안 된다.

그것은 율법주의자들의 강압에 의해서 교회에 더 많이 의무 지워진 것 일 수 없다. 그것을 사용하는 것은 그것을 주님의 명령으로 받아들이는 공동체의 방식에 달렸다. 그러므로 공동체는 은혜의 자유 안에서 자기 스스로 삶을 영위해야 한다. 성직자가 사는 방식은, 가장 일상적인 행동에까지, 교회의 영적 상태에 종속되어 있다. 이것이 사도의 직무를 주장하는 방식과 관련된 모든 구절에서 바울이 주장하는 것이다. 그에게 있어서 자신의 진정성을 증명하는 것은 신임장을 쓰거나 혹은 '교회 기능과 관련된 어떤 규정'을 방편으로 내세우는 것과 관계되지 않는다. 유일한 척도는 바로 행위이다. 다시 말해서 교회 자체의 실재를 말한다. 만약 '당신은 나의 사도 직무를 확실히 뒷받침하고 있다.'라고 그가 말한다면 그것은 직무의 진실성은 자신 행위의 의미와 표시에 의해서 증명된다는 것을 의미하는 것이다. 교회가 이런 직무에 의해서 존재하게 된 이상 직무는 진정한 것이 된다. 바울은 직무의 효력이 어디에서 오는지 잘 알고 있었고 아주 명확하게 이것을 주장하고 있기 때문에 여기에는 어떤 교만도 실용주의도 있을 수 없다. 그는 어떤 직무도 교회 없이 존재하지 않고 모든 직무는 그것을 보증해주고 정당화하는 표시를 지닌다고 주장한다. 그러므로 그에게 있어서 직무는 보이는 것이나 그 직무가 행사되고 있는 상황에 의해서 판단되는 것이 아니라 오직 '그것의 열매들'에 의해서 판단돼야만 한다.

교회의 성직자들이 사는 방식과 관련된 모든 것은 그들이 직무를 행하는 공동체와도 역시 관련되어 있고 이것은 공동체와 성직자들은 서로 상호 의존된 밀접한 관계인 것을 회의에 부치고 있다. 이 관계는 직무의 권리에 대한 면밀한 검토에 의해서 명확해 질 수 있다.

바울은 고린도전서 9장 4절부터 6절까지 이것을 열거하고 있다.

1. **먹고 마실 권리**:이것은 아주 간단하게 일반적인 사람처럼 살기 위해서 영양 을 섭취할 권리를 말하고,

2. **자매 된 아내를 데리고 다닐 권리**:이것은 가정과 아이를 가질 수 있는 권리를 지칭하고,

3. **일하지 않을 권리**:이것은 직무에 자신의 모든 시간을 할애하기 위해서 직업적이고 돈벌이가 되는 모든 활

동을 포기할 수 있는 권리를 의미한다.

　　복음을 전하는 설교자에게 주어진 권리들을 보면, 모든 것은 설교자의 물질적 상황과 연관이 있고 그리고 이러한 권리를 동시에 사용하는 것은 모순적이라는 것을 우리는 인지할 수 있다. 사실 바울 자신의 가르침에 따르면, '일하지 않은 사람은 먹지도 말아야 한다', 데살로니가후서3:10 하물며 가족을 책임질 수도 없다. 기독교인에게 있어서 물질적 삶과 일상적 생계는 자신의 필요와 다른 사람의 필요를 책임지는 데 필요한 자원을 그에게 제공하는 더구나 '베푸는 행복'을 알게 하는 정직하고 규칙적인 일에 의해서 보장돼야만 한다. 사도행전20:33~34 이 주제에 대한 권고는 데살로니가전서와 후서에 아주 명확하게 나타나 있다. 데살로니가전서4:11~12; 데살로니가후서3:6~12 이것은 그리스도의 재림과 그것을 기다리는 방식과 관련된 그릇된 인식에 의해서 교회 안에 만들어진 무질서에 맞서기 위해서 쓰여진 것이다.

　　예수 그리스도의 성직자가 '일하지 않을 권리'를 사용할 수 있으려면 앞에서 말한 두 개의 권리를 포기하게 하는 것은 분명한 것처럼 보인다. 만약 이 세 개의 권리를 다 사용하고자 한다면 그는 확실히 가난과 죽음에 이르게 될 것이다. 또한, 사막에서 엘리를 먹이셨고 '하늘의 새와 들판의 백합'을 늘 유지되게 하는 하나님의 은혜의 기적에 의해서 그는 진정으로 그가 선포한 '복음으로 삶을 영위'할 수 있어야만 한다. 왜냐하면 '주께서 복음을 전하는 사람들에게 복음으로 삶을 영위하라고 명하셨기 때문이다'.고린도전서9:14 복음이 전해진 사람들의 마음 안에 있는 은혜의 행위에 의해서가 아니면 그리고 '영적인 것이 뿌려진' 사람에게서 '지상의 것을 거두는' 것에 의해서가 아니면 어떻게 이런 일이 가능하겠는가.고린도전서9:11 다시 말해서, 복음의 설교자로서 살아갈 수 있는 유일할 길은 교회가 은혜의 살아 있는 공동체로서 주님의 질서를 느낄 수 있을 때이다. 그 결과 공동체는 '말씀을 전하는 사람'의 물질적 생활을 책임지면서 그것을 전하는 사람과 '모든 자신의 재산을 함께' 하게 된다.갈라디아서6:6

바울은 직무의 권리를 정의하면서 그리고 교회 안에서 이 권리가 지속적이고 일반적으로 사용되는 것을 보여준 것은 단순히 일종의 관습법을 세우고자 했던 것도 공동체 자체를 고안하려고 했던 것도 아니다. 그는 이것을 통해서 성서의 가르침과 모세의 법에 맞고 주님의 말씀에 의해서 성스러운 것으로 만들어지는 것을 세우고자 했다.

a) 바울은 구약 성서, 사제의 직무 체제와 교회 공동체로서
이스라엘 민족의 기원을 참조하면서 자신의 명백한 주장
을 다음과 같이 제시하고 있다. 교회는 새 이스라엘이며
예수가 그리스도인 성스러운 집단이며 그가 유일한 사제
인 곳이다.

　　모세 법 안에서 대제사장들과 레위족의 신관은 이스라
엘 종족 안에서 어떤 '기업도 분깃도' 가질 수 없다. 그
들은 땅도 소유할 수 없고 그것을 경작할 수도 없다. 그
러므로 그들은 일에 의해서 자신들의 생계를 보장받을
수 없다. 민수기18:20; 신명기18:1~18 반대로 그들의 생계는
신에 경의를 표하여 바쳐진 희생물에 의해서 보장된다.
그들은 십일조, 다시 말해서 백성에 의해서 바쳐진 모든
기부와 헌금 그리고 신에게 먼저 바쳐졌던 '가장 좋은
것', 다시 말해서 '십일조의 십일조'를 사용할 수 있다. 민
수기18:25~32 이와 같은 사용은 모든 종교개혁과 신앙부
흥 시대에 끊임없이 상기되어지고 부활 됐다. 비교. 역대하
31:1~10; 느헤미야10:32~39

이런 성서의 요지를 입증하기 위해서 바울은 유대교 사제의 관습에 따라 우화적이지만 너무나 확실한 의미가 있는 두 개의 다른 두 번째 예를 인용한다.(곡식을 밟는 소와 농부의 비유) 9)

모세 체제 안에서 중요한 것은 십일조와 희생물 안에서 지상의 모든 재산과 생산물 그리고 예배의 사제가 재산으로 소유한 모든 것이 주님이 가지고 계신 지상의 권리임을 시인하는 은혜의 행위 가운데 세워졌다. '너는 땅의 기업도 없겠고 아무 분깃도 없을 것이나…. 왜냐하면, 내가 너의 기업이요 분깃 이니라 하나님의 말씀이니라' 민수기18:20 봉사자들이 생계를 보장받게 되고 살아갈 수 있는 건 하나님께서 백성의 손을 통한 재산의 분배에 의해서 그 봉사자들의 삶을 책임져 주시는 살아계신 주님이시기 때문이다. 다시 말해서, 모세의 법체계는 은혜의 계약을 토대로 한다. 제단을 위해서 헌신하는 사람, 즉 늘 하나님의 은총과 긍휼을 전하는 사람은 이 은총과 긍휼에 의해서 삶을 영위하게 되고 그가 예언자와 같이 백성 안에서 계시의 진리가 살아있고 보이는 표상이 되는

---

9) [역주] 디모데 전서 5장 18절

것은 당연하다. 그는 시편 127편의 말씀을 확증한다: '너
희가 일어나고 늦게 누우며 수고의 떡을 먹음이 헛되도
다 그러므로 여호와께서 그 사랑하시는 자에게는 잠을
주시 도다'.

b) 신약성서 안에서 주님의 명령은 구약 성서 안에서 미리
예고된 것을 교회에 공고하게 하고 이행하게 한다. 여기
에서, 제단에 받쳐질 희생물과 봉헌은 더는 문제가 아니
다. 왜냐하면, 단 한 사람만이 대제사장이고 봉헌이기 때
문이다. 예수는 성직자를 세우는 대신 선교사들을 파견
한다. 그들의 사명은 이전의 계약인 그리스도 희생의 이
행과 완수를 정확하게 알리는 데 있다. 그들의 직무는 전
도로 대체될 수 있는데 이때 전도는 십자가의 유일한 그
리고 영원하신 희생 안에서 제공된 은혜의 전도이다. 제
사장들이 제단의 헌금으로 삶을 영위하는 것과 마찬가지
로 선교사들은 그들의 전도로 삶을 영위해야 한다. 일시
적이고 명확히 나타나는 체제는 사라지고 그것이 세운
관계만이 지속한다.

　　우리는 예수를 '사도와 대제사장' 히브리서3:1으로, 30살

까지 자신의 손으로 일한 사람으로, 자신의 양식을 그 아버지의 뜻을 행하면서요한복음4:31~38 설교자의 직무를 수행한 자로 그리고 자신의 말과 은총의 가호를 입은 사람들의 소유로 자신을 섬기게 한 자로서 봐야 한다.누가복음8:3

　　사도들은 예수를 따르고자 그리고 사람 낚는 어부가 되려고 직업 즉 생계 수단을 포함해서 모든 것을 떠난다.마가복음1:17~18 사명을 위해 파견된 그들은 그들에게 제공되는 것으로 삶을 영위한다.마태복음10:10; 누가복음10:7 왜냐하면 '일군이 그 삯을 얻는 것이 마땅하기 때문이다'. 결국 바울은 이 명령을 전도와 가르침에 헌신하는 모든 장로에게 적용한다.디모데전서5:17~18

　　삯이란 말의 의미를 정확하게 밝히는 것은 중요한 일이다. 신약성서 안에서 이것은 일 또는 직무에 상응하는 급여나 보수를 가르치지 않는다. 모스토스$\mu\iota\sigma\theta\acute{o}s$는 베드로서가 말하는 '더러운 이익'이 아니다. 사용된 이 말은 '보상'과 완수한 행위와 뿌려진 말씀으로부터 자연스럽게 유래한 무료의 기부를 뜻한다. 말씀은 필연적으로 성도들 가슴에 감사의 기도와 감사 행위를 가져온다. 그 결과 복음을 전하는 설교자들은 결국 복음으로, 다시 말해서 신에 대한 성도들의 감사와 사랑의 구체적 표현에 의해서 삶을 영위하게 된다.

이런 가르침이 미묘한 문제라는 것은 아주 분명한 사실이다. 이것은 그것이 토대한 은혜의 개념에서도 마찬가지이다. 왜냐하면, 은혜를 추상적 원리와 혼동하지 않고 하나님 말씀을 이상이 아닌 '살아있고 유효한' 것이라고 진정으로 믿는 공동체가 존재하지 않으면 복음은 그것을 전하는 사람을 물질적으로 책임질 수 없다는 것을 이해하는 것과 관계되기 때문이다. 단지 은혜를 추상적 원리와 혼동하지 않고 하나님 말씀을 진정으로 믿는 공동체의 경우에만 진정한 코이노니아교제가 나타나고 가르침을 받은 사람의 재산을 모든 사람과 나누고자 하는 참여가 발생한다. 형제들 간의 구체적 관계는 오직 진실한 자유 안에서만 가능하다. 이것은 바울이 적어도 한번 빌립보 사람들과 함께 경험한 것이다. 빌립보서 4장 10~20절 본문은 빌립보 사람들이 형제애를 가지고서 기쁨으로 바울을 돕고 또한 바울 역시 형제애를 가지고서 기쁨으로 그들의 선물을 받아들이는 것을 그리고 이것이

바로 형제애의 창조자이신 하나님의 은혜임을 우리에게 보여주고 있다. 이 선물은 '한동안' 바울을 풍족하게 만들었고 그는 그것을 '하나님이 받으실 희생물로서' 받아들인다. 하나님의 은혜가 사람들을 손실로부터 자유롭게 할 때 이 해방은 은혜를 전하는 설교자가 첫 번째 수혜자인 '기부'를 또한 가져온다. 그러므로 이것으로 말미암아 예수 그리스도의 사제는 일하지 않을 권리를 행사할 수 있다. 그는 자신의 직무를 이익을 얻고자 하는 일 혹은 직업이 아닌 모든 의무와 특권을 실제로 지닌 것으로 간주할 때 이 권리를 행사할 수 있을 것이다.

만약 우리의 신학적 분석이 정확했다고 한다면 우리는 이 권리가 당연히 침해할 수 없는 자연권이 아니라는 것을 잘 알았을 것이다. 이것은 기부에 의해서만 가능한 일이고 은혜의 해방하는 행위에 의해서 엄격하게 영향을 받고 그리고 공동체가 지닌 영적 자유에 의존한다. 이런 영적 자유가 존재하지 않으면 그리고 신앙이 약하거나 충분하지 않았으면 이 권리는 충분히 이론의 여지가 있는 것이 되고 그러므로 이것은 취소될 수 있다.

우리는 그 근거를 여전히 약하고 영적으로 덜 성숙한 교회와의 관계에서 바울이 자신의 권리를 포기한 이유에서 찾을 수 있다.

어떤 이유에서 그는 이런 권리를 포기하고 자신이 모든 성도에게 전한 명령에 따라 살려고 일하고자 했는가?

만약 그가 이 문제에 대해 언급하는 본문 고린도전서 9장 12~18절을 비교해보면 우리는 다음과 같은 세 가지 이유를 발견하게 될 것이다. 사도행전20:33~34; 고린도후서 11:9~15; 데살로니가전서1:9 ; 데살로니가후서3:7~10

1. 신앙심이 별로 없는 혹은 이런 권리가 그들의 눈에 누구나 인정하는 것으로서는 충분히 명확하지 않은 사람들에게 부담을 주지 않고자 하는 필연성.
2. 삶의 생활 규범과 영적 명령과 이타성의 요인으로서 일의 본보기를 보여주고자 하는 바람.
3. 자신의 전도가 무상의 값없이 주는 것임을 수호하고 그리고 은혜에 의해서 받아들여진 직무의 권위를 보존하고자 하는 개인적 관심.

따라서 바울은 권리의 합법성을 식별하면서 개인적 소명

에 의해 결정된 환경에서 결혼과 같은 자신의 권리를 포기했다.

　　바울은 아케아 교회는 어쩌면 우리가 '부유한' 교회라고 부를 수 있는 교회였던 반면 마케도냐 교회는 '가난한' 교회였다고 적고 있다.비교. 고린도후서8장 그런데 바울은 마케도냐 지역의 빌립보 교인들의 연보는 받아들이지만 고린도 교인들의 것은 무엇이든지 간에 받아들이지 않았다. 이것은 빌립보 사람들이 진정한 코이노니아를 알았기 때문이다.

　　그들에게서 공동체는 하나의 단어가 아니라 살아있고 경험되는 현실 세계였다. 또한, 그들은 영적으로 성숙한 사람들이었다. 고린도 교인들은, 바울이 자신의 첫 번째 서신에서 그들에게 전하는 질책이 잘 보여주는 것처럼,고린도전서1장10~12; 3:3; 4:12; 11:17 등 진정한 교제를 알지 못했고 그들은 이 영역에서 미성숙하고 '어린애'였다. 그 결과 바울은 그들과 채무관계를 맺는 것도 그들이 자신의 물질적 생계비를 부담하는 것도 받아들이지 않았다. 그는 그들에게서 예속되지 않고 완전히 독립해서 머물러 있기를 희망했다. 그는 '복음으로 말미암아' 절제하면서 경제적 관계에 근거한 어떤 관계도 그들과 맺지 않았다. 그들과 대면해서 그는 전적인 독립과 전적인 권위가 필요했다. 그 결과 그는 어떠한 권리도 사용하지 않았다. 그는 더 우위인 자유의 요청에 의해 교회를 정확하게 훈련하고 그들에게 자유 은총을 가르치려고 자신의 권리를 포기했다.

　바울의 경우에서 나타난 것들은 직무의 보수에 대한 신학적 토대인 것처럼 보인다. 우리가 교회 공동체 안에서 돈의 문제와 관련해서 바울의 경우에서 얻을 수 있는 것은 어떤 점들이 있을까?

1. 교회는 예수 그리스도의 주권을 실제로 인정하고 물질적 재산의 사용을 감사의 표현으로 만드는 진정한 교회일 때만 오직 성직자들에게 합법적으로 보수를 지급할 수 있다.

2. 이 보수는 오직 권리 다시 말해서 직업적 활동으로 스스로 생계를 보장하지 않아도 된다는 성직자의 권리를 이해하는 사람들로 구성된 공동체에 의해서만 부담될 수 있다.

3. 이와 같은 상황에서 직무는 교회와 관련된 일 또는 직업
   이 아닌 예수 그리스도를 위하여 그리고 예수 그리스도
   의 이름으로 맡긴 소명의 실천이다.

4. 직무의 실천 안에서 '하나님께서 받으실 연보를 받는 것
   은' 성직자의 자유다, 다시 말해서 급여는 그를 성도들의
   재산 분배에 참여하게 한다. 이것은 그가 하나님의 말씀
   으로 감화시키고 생계를 보장해야 하는 책임이 있는 공
   동체에 진실로 속해있다는 것을 나타내는 표시가 될 수
   있다.

5. 그러나 또 다른 한편 공동체가 성직자의 급여를 부담할
   수 없는 경우에 그리고 공동체가 그것이 예수 그리스도
   에게 속해 있고 예수 그리스도의 이름으로 주어진 것임
   을 모르면 급여를 받지 않는 것 역시 성직자의 자유다.
   그러므로 그는 일로 삶을 영위하는 권리를 되찾아야만
   하고 사람들이 그의 사도 직무를 일 혹은 직업으로 간주
   하지 않게 하려고 직업과 일을 행해야만 한다. 그렇지만,
   그는 그를 후원 할 수 있는 다른 공동체에 의해서 부양될
   수 있다. 그러나 그는 역시 가난과 불안 안에서 생활하는

것을 예상할 수 있어야만 한다.

6. 교회가 성직자를 물질적으로 돕는 것이 그의 유연한 기질을 없앨 수 있는 것은 아니다. 왜냐하면, 그는 풍요로운 가운데에서처럼 가난 중에서도 늘 은혜에 의한 은혜, 다시 말해서 분에 넘치는 은혜로 말미암아 직무를 수행하는 살과 피를 지닌 존재이기 때문이다. 그러므로 그는 끊임없이 교회가 그를 사용하는 것이 아니라 주님이 교회 안에서 그를 사용 한다는 것을 상기해야만 한다.

이 논문 각각의 부분은 오늘날 교회 안에서 직무 조직과 관련해서 제기되는 많은 질문을 확실히 포함하고 있다. 이 질문들은 다소 예민하고 장소와 상황에 따라 다소 다르게 해석될 수 있다. 그렇지만, 우리는 교회 안에서 진정한 공동체 즉 하나님의 말씀이 '신앙과 삶의 규칙'인 공동체가 나타나기를 진실로 바라는 곳 어디에서나 이와 같은 질문들을 제기해야만 한다고 믿는다. 사실 교회, 성직자, 체제 그리고 행위의 물질적 실재는 오늘날 끊임없이 세상에서 발견되고 이미 여러 곳에서 그것은 진실로 위기에 처해 있다. 이 위기는 교회가 경제적 삶의 문제를 오직 성서의 가르침과 관계해서만 이해하고 해결하지 않았던 것에 대한 하나님의 최후 심판으로서 간주할 수 있을 것이다.

앞으로 교회의 운명은 재산에 달렸는가? 재산은 소위 국가라고 일컬어지는 선견지명을 지닌 중앙행정의 친절이라고 일컬어질 수 있는가? 아니면 '개신교의 재산' 또는 '교회를 돕기 위한 자금' 이라 불릴 수 있는가?

하나님께서 원하시고 결정하시고 약속하신 것에 따른 관리체계와 규정이 가져다주는 것이 무엇인지를 자문하는 것은 각 교회의 의무이다.

만약 소교구가 예수 그리스도의 살아있는 공동체라고 한다면 그리고 목사들이 복음 혹은 교회 관리의 사제라고 한다면 소교구와 목사들의 존재와 그것들의 유지가 의미하는 것이 무엇인지를 자문하는 것 역시 교회의 의무이다.

그러나 교회가 자기 자신의 실재에 대해 신학적으로 혹은 더 간단하게 성서가 말하는 것을 인지했을 때, 또한 교회가 자신이 해야만 할 바를 알고 돈에 접근하기 시작할 때에만 오직 교회는 이 질문들에 대해 이해할 만한 대답을 찾을 수 있다.

교회와 돈 혹은 그리스도인과 물질에 대한 대장간의 다른 책으로는
「하나님이냐 돈이냐」(자끄 엘륄), 「십일조의 혁명」,(박민홍)이 있습니다.